1 MONTH OF
FREE
READING

at
www.ForgottenBooks.com

By purchasing this book you are eligible for one month membership to ForgottenBooks.com, giving you unlimited access to our entire collection of over 1,000,000 titles via our web site and mobile apps.

To claim your free month visit:
www.forgottenbooks.com/free364841

ISBN 978-0-266-30847-8
PIBN 10364841

This book is a reproduction of an important historical work. Forgotten Books uses state-of-the-art technology to digitally reconstruct the work, preserving the original format whilst repairing imperfections present in the aged copy. In rare cases, an imperfection in the original, such as a blemish or missing page, may be replicated in our edition. We do, however, repair the vast majority of imperfections successfully; any imperfections that remain are intentionally left to preserve the state of such historical works.

LE
THÉATRE SOCIAL

EN FRANCE

DE 1870 A NOS JOURS

PAR

ARMAND KAHN

PARIS

LIBRAIRIE FISCHBACHER

33, RUE DE SEINE, 33

A mes parents,

A. K.

LE THÉATRE SOCIAL EN FRANCE
DE 1870 A NOS JOURS

INTRODUCTION

Définition du théâtre social.

Si par un miracle renouvelé de **Lazare**, les contemporains des Corneille, des Racine, des Molière, des Voltaire, des Hugo et des Vigny « se réveillaient d'entre les morts » et qu'ils assistassent à l'évolution à laquelle le théâtre, de nos jours, se voit soumis, leur stupéfaction toucherait, à n'en point douter, à un effarement voisin de l'incompréhension. Et si peut-être les premiers d'entre eux retrouvaient certaines des qualités de l'école classique dans l'œuvre d'un Francis de Croisset (*Chérubin*, le *Paon*) ou d'un Bibesco (le *Jaloux*), les seconds quelque brillant et quelque imagination fiévreuse et débordante dans un *Cyrano de Bergerac*, dans un drame de Richepin (*Par le Glaive*, *Les Truands*) ou dans l'œuvre d'un poète mort de misère il y a quelques mois, Jacques le Lorrain, ils ne manqueraient pas de mar-

quer vivement leur désapprobation et leurs sentiments hostiles à l'égard de nos auteurs de pièces
modernes : les Hervieu, les Curel, les Brieux, les
Donnay, les Lavedan, et tant d'autres !

Mais aussi quel chemin parcouru depuis ces heures d'enthousiasme et de gloire où l'on applaudissait
à tout rompre, et Chimène, et Rodrigue, et Phèdre et
Hyppolite, Zaïre et Orosmane, Antony et Didier,
Hernani et Ruy-Blas ! Que de changements survenus
dans le fond et la forme de l'art théâtral ! Le théâtre
classique qui consistait presque uniquement en l'a-
nalyse aiguë, profonde d'un caractère *(Phèdre,* le
Misanthrope, Tartufe, l'*Avare, Zaïre),* qui aussi
s'éprenait parfois de montrer la lutte constante entre
le devoir et la passion — en faisant le plus souvent
triompher la vertu — *(Le Cid, Horace, Cinna, Po-
lyeucte, Andromaque, Mérope),* fut pendant deux
siècles maître absolu et tyrannique de la scène française. Les dix-septième et dix-huitième siècles sont
bien à lui et les essais hardis de quelques novateurs
demeurèrent isolés, n'ayant pas l'autorité nécessaire
pour s'implanter sur la scène et former école.

Puis vint la tourmente révolutionnaire... l'épopée
napoléonienne... le Romantisme. Héritiers directs
des hauts faits de l'histoire passée, mais non oubliée
et dont vivaient encore un très grand nombre de protagonistes de ces valeureux jours, leurs enfants se
voyaient en quelque sorte contraints de faire grand,
surnaturel, chevaleresque, et laissèrent échapper la
conception d'un théâtre bourgeois, vivant et vécu,
pour tomber dans les divagations folles d'un Antony,

d'un Kean, d'un Hernani, d'un Chatterton... Toutefois dans ce dernier drame, si les phrases grandilo-
quentes d'un Chatterton nous étonnent et laissent en
notre esprit une étrange impression, la structure
toute moderne de la pièce, la transformation de la
scène dans un milieu plus conforme à la réalité de
notre vie de chaque jour, annoncent déjà la renais-
sance du drame *pictural* (ainsi appellerions-nous
les pièces qui s'efforcent de peindre, de nous décrire
la société contemporaine). Nous ne retrouverons
plus cette qualité maîtresse dans aucune autre œuvre dramatique de cette école, ni dans la *Maréchale
d'Ancre* du même auteur, ni dans les différentes
pièces d'A. Dumas père [1] ou de V. Hugo [2], ni même
dans les *Comédies et Proverbes* de A. de Musset.

Il nous faudra attendre que le public soit saturé
de ces récits extraordinaires, de ces histoires irréel-
les ; il nous faudra attendre l'éclosion de l'Ecole du
Bon sens, les tâtonnements de Ponsard, le succès
d'Emile Augier, le triomphe de Dumas fils. A la dis-
tance d'un siècle et demi sera enfin repris sous la qua-
druple forme de *l'Honneur et l'Argent* (Pousard,) de
Ceinture dorée (E. Augier), de *Mercadet le Faiseur*
(Balzac) et de la *Question d'argent* (A. Dumas fils),
le *Turcaret* de Lesage. On se souviendra des drames de famille de Diderot et bientôt paraîtront sur
la scène *Le Fils naturel, Un Père prodigue* (Dumas fils), *Madame Caverlet* (E. Augier) ; les satires

---

[1] Voir *Antony, Christine, Napoléon*, etc. — [2] *Hernani, Marion Delorme, Ruy-Blas, Les Burgraves*, etc.

mordantes de la société de la fin du dix-huitième siècle dues à Beaumarchais inspireront à Augier une satire non moins âpre, *Les Effrontés*, *Le Fils de Giboyer* et, à lire *La Dame aux Camélias* du jeune et encore quelque peu romantique Dumas, notre esprit se reporte avec complaisance à la tragique histoire des amours de la coquette Manon et du chevalier des Grieux.

Enfin le théâtre social est sorti de ses limbes. Il commence par la description aussi exacte que possible du milieu bourgeois où l'on se meut chaque jour ; puis il s'attaque aux tares que semble lui présenter ledit état des choses, — de là des comédies telles que *Le Demi-Monde*, *La Question d'Argent* (A. Dumas fils), *Le Mariage d'Olympe*, *Les Lionnes pauvres* (E. Augier), *Les Filles de Marbre* (Th. Barrière), — il s'occupe des questions familiales, reproche au bourgeois borné et superstitieux son pharisaïsme, s'en prend au Code, réclame des réformes et devient, suivant la formule d'Alexandre Dumas fils, *le théâtre utile*.

Pourtant, si fécond que fût un Emile Augier, si inventif que fût un Dumas fils, ils ne surent ni l'un ni l'autre étendre leurs sujets d'étude, élaguer de leurs œuvres les conventions depuis longtemps tombées en désuétude ; une nouvelle réforme s'imposait et ce fut à Henry Becque que revint l'honneur d'avoir épuré la scène française des ficelles qui rappelaient par trop le laborieux faiseur de pièces Eugène Scribe ; ce fut lui qui imposa au théâtre une langue plus vigoureuse, plus « peuple » ; lui enfin qui élargit démesurément le cadre de l'ancienne comédie en nous donnant ses *Corbeaux*, étude prise sur le vif dans le monde des petites gens et de leurs dupeurs.

Dès lors la voie était ouverte, le chemin tout tracé ; Antoine avec son *Théâtre libre*, Ibsen avec son exotisme, Tolstoï avec ses idées à la « Rousseau » pouvaient venir. Antoine brillamment secondé par J. Jullien trouverait toute une génération d'élite marchant sur les traces du maître ; Ibsen et Tolstoï se verraient adulés et suivis, louangés et imités.

Mais leur influence fut loin d'être aussi grande qu'on se l'imagine : le théâtre français avec l'auteur de *Michel Pauper* avait retrouvé l'ancien filon, où déjà avaient creusé les Lesage, les Diderot, les Beaumarchais, les S. Mercier, E. Augier et Dumas fils !...

La floraison fut belle, fructueuse. Ni les auteurs, ni les artistes ne manquèrent pour mener à bien cette noble tâche ; des noms nouveaux jaillirent de la vie publique, noms qui maintenant sont sur toutes les lèvres. Nous n'avons pas à les citer dès à présent ; c'est en étudiant leurs œuvres que nous apprendrons à les connaître, à les aimer. Mais que toutefois il nous soit déjà permis de nommer les Paul Hervieu, les François de Curel, les H. Lavedan, les Brieux, les Donnay, les Capus, les Descaves et les Porto-Riche, les Emile Fabre et les Georges Ancey, les J. Lemaitre, les Jean Jullien, et puis aussi les Abel Hermant, les Marcel Prévost, les Octave Mirbeau et les Henry Céard, et tant d'autres encore que nous retrouverons en cours de route : les A. Guinon, Maurice Boniface, G. Lecomte, Henri Bataille, H. Bernstein, etc.

Voici les auteurs, citons leurs œuvres les plus marquantes. De Jules Lemaître, ce fin critique, nous applaudissons tour à tour l'*Aînée* ou le *Député Leveau*, *Révoltée* ou les *Rois* ; de Brieux nous connaissons *Blanchette*, nous admirons sa netteté de vue dans la *Robe rouge*, sa sensibilité extrême dans *Petite Amie*, sa connaissance du monde politique dans l'*Engrenage*.

Lavedan, lui, est l'auteur adulé du *Prince d'Aurec* et du *Marquis de Priola* ; à Paul Hervieu nous devons les *Tenailles*, la *Loi de l'Homme*, la *Course du Flambeau*, l'*Enigme*, le *Dédale* et à Donnay *Amants*, la *Douloureuse*, le *Torrent*, l'*Escalade*, le *Retour de Jérusalem*, *Oiseaux de Passage*, cette dernière pièce faite en collaboration avec L. Descaves, l'auteur de la *Cage* avec lequel il avait déjà écrit la *Clairière*, une œuvre de haute portée sociale. Qui n'a pas applaudi la *Veine* ou la *Châtelaine*, ces deux comédies de tendre optimisme dues à la plume de Capus ? Et si *Les Fossiles*, *Le Repas du Lion*, *La Nouvelle idole*, de F. de Curel, sont un peu moins goûtées du grand public, ces pièces n'en sont pas moins appréciées par l'élite intellectuelle de tout pays. Mais nous ne saurions citer toutes les œuvres de maître qui ont paru sur la scène ces trente dernières années, de peur d'en omettre parmi les plus fortes et les plus sincères, de crainte d'oublier des œuvres comme *La Mer*, *Le Maître*, de Jean Jullien, *Les Mauvais Bergers*, *Les Affaires sont les affai-*

res, d'Octave Mirbeau, ou comme *Maman Colibri*
du charmant poète qu'est Henry Bataille, ou encore
Le Bercail du subtil écrivain H. Bernstein...

Mais il est une chose qu'il faut avant tout remarquer et qui se trouve être d'une très grande importance : c'est la diversité des sujets traités. Comme
nous l'avons dit plus haut, la comédie sociale commença par être purement descriptive, puis satirique ;
elle étudia les ambiances du monde bourgeois, en
critiqua acerbement les tares et les défauts, con-
tinua et même se limita bon nombre d'années à
étudier les rapports de la vie conjugale et même...
extra-conjugale ; le droit de revanche de la part de la
femme trompée, le divorce surtout furent le fond de
l'intrigue. Malgré de timorés essais qui avaient pour
but d'agrandir, d'élargir la scène, ce ne fut guère
qu'avec Henry Becque que commença pour le théâtre une ère nouvelle. Déjà dans *Michel Pauper* on
pouvait prévoir une matière inconnue jusqu'à cette
heure, inexplorée ; pour la première fois apparaissait
l'ouvrier sur la scène, aux prises avec les difficultés
de la vie. En nous montrant dans ses *Corbeaux,*
d'abord au premier acte la réunion d'une famille ai-
sée de gens parvenus, puis la déconfiture finale de
cette famille, cela par la mort de son chef naturel et des intrigues louches des hommes de loi, H.
Becque, en ne faisant intervenir dans sa comédie ni
l'adultère et ses mensonges, ni les duos d'amour que
jusqu'alors on ne nous avait pas épargnés, changea
du tout au tout l'axe du théâtre et fit faire à celui-ci
un grand pas au-devant du progrès.

Et les auteurs modernes comprenant la leçon du maître ne manquèrent pas pour la plupart de marcher sur ses traces. Au lieu d'en rester aux sempiternelles causeries d'amour, au lieu de persister dans les intrigues banales d'un adultère quelconque, ils se mirent à chercher autre chose. Ils étudièrent la situation respective des membres d'une même famille et les devoirs de chacun d'eux[1], se passionnèrent à la recherche des multiples causes qui pouvaient nuire à la constitution vitale du mariage[2], tâchèrent sous un jour nouveau de montrer les bienfaits ou les méfaits du divorce[3], voulurent enrayer la prostitution en indiquant les causes de cet avilissement de la femme[4] et enfin il s'en trouva d'aucuns qui hautement proclamèrent l'institution de l'amour libre[5].

Mais là ne s'arrêta pas leur ardeur ; ils ne voulurent pas en rester aux conflits purement sexuels : leur soif de découvertes les poussa dans différentes autres voies qui jusqu'alors avaient pour la plupart été inexplorées. Au premier abord leurs regards fu-

---

[1] Voir la *Course du Flambeau*, *Poil de Carotte*, *L'Argent*.

[2] *L'Invitée* (Curel), *Les Tenailles* (Hervieu), *Les trois Filles de M. Dupont*, *Les Avariés* (Brieux), *La Dupe* (Ancey), *L'Adversaire* (A. Capus).

[3] Voir *Le Dédale* (Hervieu), *Le Berceau* (Brieux), *Révoltée* (J. Lemaître), *Le Torrent* (Donnay), *La Déserteuse* (Brieux et Sigaux), *Maman Colibri* (H. Bataille), *Le Bercail* (H. Bernstein).

[4] *Maternité* (Brieux), *La Mineure* (J. Jullien), *Le Détour* (H. Bernstein).

[5] *La Plus faible* (M. Prévost), *L'Affranchie* (Donnay), *Les Menottes* (Beaubourg), *La Clairière* (Descaves).

rent attirés par la question sociale ; ils s'étonnèrent que des miséreux se trouvassent à un pas de leurs richissimes exploiteurs, des crève-faim non loin de prodigues gaspilleurs. Ils s'attachèrent avec conscience à en trouver les causes, à remédier au mal, à le proclamer tout au moins du haut de la tribune qui leur était offerte. De là datent des pièces telles que *Le Repas du Lion* (F. de Curel), *La Clairière* (Descaves-Donnay), *La Cage* (Descaves), *Responsabilités* (Jean Grave), *La Sape* (Leneveu), *Mais quelqu'un troubla la fête* (L. Marsolleau), *Les Mauvais bergers* (O. Mirbeau), *La Pâque socialiste* (E. Veyrin)... Ils remarquèrent que dans la masse populaire deux fléaux surtout sévissaient : le paupérisme et l'alcoolisme et l'on eut des pièces comme les *Bienfaiteurs* de Brieux ou *L'Assommoir* de W. Bussnach.

A la question purement sociale ils rattachèrent la question politique. Sous un régime républicain, de libre critique, les comédies politiques ne devaient pas faire défaut et à côté de légères satires comme la *Crise* de Maurice Boniface, l'on eut les fortes et consciencieuses études de Jules Lemaitre [1], de Brieux [2], de Jean Jullien [3], les pièces d'actualité d'un Barrès [4], d'un Jean Drault [5], les rêves utopiques d'un Urbain Gohier dans le *Ressort*.

Touchant de près à cette dernière série, prend place la question scolaire ; quelques auteurs s'en inspirè-

---

[1] Voir *Le Député Leveau.* — [2] *L'Engrenage.* — [3] *La Poigne.* — [4] *Une Journée parlementaire.* — [5] *Les Blackboulés.*

rent : Jean Jullien dans son *Ecolière*, Gabriel Trarieux dans sa *Guerre au village*, Eug. Brieux dans
sa *Blanchette*. Dans un autre domaine qui touchait
aussi de près à la question sociale, dans l'étude de
l'autorité, du despotisme de la magistrature, les comédies non plus ne firent pas défaut. Et si les pièces
telles que *La Conscience de l'Enfant* de G. Devore,
L'article 330, *Le Commissaire est bon enfant* de
G. Courteline, *Crainquebille* d'Anatole France, ne
sont connues que d'un public restreint, la *Robe
rouge* de Brieux a une réputation européenne.

La science, elle aussi, figurera sur les planches ;
elle le devra surtout à Brieux [1], à A. Daudet [2], à F.
de Curel [3], à H. Kistemaeckers [4]. Et si à l'audition de
la *Nouvelle Idole* de F. de Curel nous assistons à la
lutte que se font dans le cœur humain la Raison et
la Foi, inévitablement notre esprit se reportera à
d'autres drames où aussi se trouveront analysés et
dépeints les combats que subit la Religion en guerre
avec le Matérialisme de notre existence d'à présent [5].

Une autre source d'une non moins grande fécon-
dité se trouva être dans l'étude des différences sociales, non plus au point de vue financier, mais quant
aux classes qui semblent encore subsister dans la
société contemporaine. *Le Gendre de M. Poirier* est
toujours de mode, tout au plus a-t-il changé de nom
et de tournure. Il s'appelle à présent *Michel Pauper* [6], *Le Prince d'Aurec*, *Les Deux Noblesses* [7].

---

[1] *L'Evasion.* — [2] *L'Obstacle.* — [3] *La Nouvelle Idole.* — [4] *L'Instinct.* — [5] *L'Aînée* de J. Lemaître, *Ces Messieurs* de G. Ancey,
La Soutane de A. Bernède. — [6] H. Becque. — [7] H. Lavedan.

Curel nous montrera dans ses *Fossiles* ce qu'est devenue l'ancienne noblesse française et Abel Hermant prendra plaisir à nous promener dans le monde du *Faubourg* ou de la *Carrière*. Elevant de quelques coudées le débat, Jules Lemaître nous donnera *Les Rois* où nous voyons s'en aller mourant tout un régime. Elargissant davantage encore le cadre de la scène, on ne se contentera pas de nous faire toucher du doigt l'antagonisme des castes, mais il s'agira de montrer l'impossible fusion des races : *Retour de Jérusalem*[1], *Oiseaux de Passage*[2], *Décadence*[3], *La Fille sauvage*[4] seront les produits mort-nés de cette manière nouvelle de comprendre la marche progressive de la civilisation. A noter toutefois l'essai contraire tenté par M. Jean Jullien dans sa belle comédie *L'Oasis*.

A lui aussi nous devons l'étude maîtresse de l'homme des campagnes ; sa pièce *Le Maître* est un des rares échantillons de la comédie descriptive de la vie paysanne. A citer toutefois aussi *Mariage d'argent* de M. Bourgeois et les *Antibel* d'E. Pouvillon.

Tel aura été le champ d'action du théâtre social ; on le voit, il n'y aura pas eu de problème qui ne l'ait séduit; ne se laissant rebuter par aucune difficulté, il aura de jour en jour agrandi ses données, fortifié sa conception. En ce jour il est triomphant sur toutes les scènes françaises ; compris du public, applaudi des lettrés, il a un brillant et fécond avenir devant lui. Nul doute qu'il ne s'en montrera digne.

---

[1] Donnay. — [2] Donnay-Descaves. — [3] A. Guinon. — [4] Curel.

Après avoir donné un historique plus précis du genre, après avoir étudié le théâtre social dans Lesage, Diderot, Beaumarchais, S. Mercier, E. Augier, A. Dumas fils, Octave Feuillet, Henri Becque, nous pourrons enfin aborder ses dernières et plus viriles créations.

———✳———

CHAPITRE PREMIER

L'Histoire du Théâtre social de Lesage à Henry Becque.

Avant d'entreprendre l'étude du théâtre contemporain, il n'est que justice de jeter un coup d'œil rapide sur ce qu'il fut à ses débuts. Nous avons d'ailleurs des raisons toutes particulières de le faire, car, comme nous l'avons déjà dit, c'est dans l'étude de Lesage, de Sébastien Mercier, de Diderot et de Beaumarchais que nous trouvons les prémices des comédies que nous applaudissons de nos jours.

Ce fut Lesage qui, un des premiers, trouva au théâtre une nouvelle source qui devait de ce jour alimenter et vivifier la scène française. Jusqu'alors on avait plus d'une fois étudié l'homme d'argent au théâtre, mais, soit qu'on en fît un sujet de farce ou une satire morale, personne n'avait jamais cherché à placer ledit personnage dans son milieu ; si notre grand Molière fit de son *Avare* une étude psycholo-

gique d'une vérité incontestable, il n'essaya nullement de montrer le rôle puissant que joue l'argent
dans la société. Il se contenta de créer un type,
inoubliable de vérité, mais ne chercha pas à nous
donner un tableau de mœurs.

Nous trouverons cela dans le *Turcaret* de Lesage.
Turcaret est le type du parvenu, de l'homme enrichi
qui se croit tout permis et aspire aux plus hautes
destinées. Turcaret n'est pas d'une intelligence très
développée et ses succès il ne les doit nullement à
lui-même mais à sa fonction. Fermier-général il a
pu tout à son aise pressurer, par des moyens plus
ou moins honnêtes, les pauvres gens soumis à ses
redevances. Où il prouve son manque complet de
perspicacité, — et en cela il est d'ailleurs conséquent
avec lui-même, — c'est dans la fréquentation des
gens à particules qui ne lui pardonneront pas sa
basse extraction et la lui feront payer bien cher.

Turcaret est tombé amoureux, tel un nouveau
Monsieur Jourdain, d'une grande dame : d'une baronne. Pour lui plaire, il lui fait force cadeaux, se
fait frustrer de son argent de gaîté de cœur par un
chevalier ami de la baronne et de connivence avec
elle. Il n'est pas jusqu'au valet Frontin qui ne prenne
part au pillage en règle auquel est livrée la caisse du
grand homme que croit être Turcaret.

C'est en somme Frontin qui joue le rôle le plus en
vue dans cette comédie où l'argent prend une si
grande importance. Frontin, d'ailleurs, est bien secondé par la servante de la baronne, par Lisette, sa
future épouse. Lisette, très bien dressée par lui, fait

sermons sur sermons à sa maîtresse pour l'encourager dans la voie qu'elle suit ; un moment écœurée, la
baronne voudrait renoncer à la lutte, mais Lisette
lui conseille de ruiner avant toute chose Turcaret,
le parvenu. Ecoutez-la plutôt :

« Oui, madame, mais l'intérêt de votre fortune
veut que vous le ruiniez auparavant. Allons ! pendant que nous le tenons, brusquons son coffre-fort,
saisissons ses billets, mettons M. Turcaret à feu et
à sang, rendons-le enfin si misérable qu'il puisse un
jour faire pitié même à sa femme et redevenir le
frère de Mme Jacob ! »

A la fin de l'acte V nous apprenons que Turcaret
vient d'être, arrêté et que sans doute il pourra à son
aise, en prison, songer à sa grandeur déchue. Ainsi
nous assistons à la ruine du Financier, car tel est le
sous-titre de l'œuvre de Lesage. Cette comédie, où
il n'est question que d'argent, a sa morale bien marquée, d'un trait satirique, sans doute, mais elle est
d'une force exemplaire. C'est Frontin qui en son
verbiage effronté se fait fort de nous la donner:
« J'admire le train de la vie humaine, dit-il à sa
Lisette, nous plumons une coquette, la coquette
mange un homme d'affaires, l'homme d'affaires en
pille d'autres, cela fait un ricochet de fourberies le
plus plaisant du monde. »

Mais il est une chose plus plaisante encore, c'est
de l'entendre dire : « Le règne de M. Turcaret est
fini, le mien va commencer ! » Que nous réserve-t-il,
hélas !

Lesage ne fut pas seul à combattre pour le théâtre

nouveau au dix-huitième siècle. Nivelle de la Chaussée, avec ses comédies larmoyantes, Diderot avec
ses drames bourgeois, Beaumarchais avec ses études
satiriques, Sébastien Mercier et d'autres encore surent se grouper derrière l'initiateur de ce mouvement
intellectuel.

On ne connaît plus guère les drames de Diderot et
moins encore ceux de la Chaussée, en quoi la posté-
rité a raison. Si ennuyeux soient-ils, leur influence
fut grande à leur époque et c'est beaucoup à eux
qu'on doit à la littérature dramatique d'être entrée
dans cette voie de progrès. Nivelle de la Chaussée
tenta de mettre le théâtre à la portée d'un public
moins restreint; en outre il résolut de le rendre plus
accessible à la classe moyenne de la population ; les
temps héroïques, de mise sous le Grand Règne,
étaient passés de mode et de plus en plus des bourgeois cossus prenaient la place des marquis et des
comtes. La comédie s'en ressentit; le drame s'em-
bourgeoisa; mais ce progrès fut entaché par un défaut capital. La sensibilité ou mieux la sensiblerie
la plus désordonnée fut le mot d'ordre des auteurs
des dites pièces : on essaya d'apitoyer le public par
des démonstrations d'une sentimentalité excessive
et on y réussit pleinement. On aurait cru à une ga-
geure ; en effet, c'était à qui des auteurs de ce temps
saurait le mieux faire pleurer et les protagonistes de
ses pièces et les auditeurs de celles-ci. Envolées
étaient au loin les qualités d'énergie, de volonté, de
rudesse qui ava ient fait le succès du *Turcaret* de
Lesage. Tout au plus Diderot essaya-t-il, mais en

vain, de les retrouver dans son *Père de famille* et
son *Fils naturel.* S'il est arrivé que ces deux titres
de comédie aient surnagé, seuls parmi bien d'autres
œuvres dramatiques du dix-huitième siècle, c'est
moins pour leur valeur purement littéraire que
comme témoignage probant des tendances sociales
du théâtre dès cette époque.

Il est assez intéressant de faire remarquer que
juste un siècle après, en 1858, un autre auteur dramatique composera une pièce qui empruntera à celle de
Diderot jusqu'à son titre. Mais si Diderot s'en prend
surtout au préjugé, il n'en est pas de même de A.
Dumas fils, qui s'attaquera non seulement à ses semblables, imbus du pharisaïsme le plus étroit, mais
encore et surtout à la Loi.

Beaumarchais, qui débuta lui aussi par deux comédies larmoyantes — qui n'a pas ses péchés de
jeunesse ! — et qui y retomba sur le tard avec sa
Mère coupable, mérite d'être placé haut dans notre
estime littéraire et il le devra aux deux chefs-d'œuvre qui ont nom : le *Barbier de Séville* et le *Mariage de Figaro.* Il n'est pas besoin de résumer ces
deux spirituelles, très enjouées comédies ; elles sont
vivantes dans la mémoire de chacun. Ce qu'il faut
y admirer surtout c'est l'étude de mœurs qui y est
peinte. Le comte Almaviva, représentant de la noblesse, est en butte aux mots d'esprit de Figaro, son
barbier, type de l'esprit d'indépendance que sèment
au vent les écrits d'un Voltaire ou d'un Rousseau,
d'un Diderot ou d'un Holbach.

C'est Figaro qui mène toute la pièce ; de Rosine,

la future comtesse Almaviva, au grand seigneur qu'est Almaviva lui-même, en passant par Bartholo et Suzanne, tous sont subjugués par le talent, l'esprit d'initiative de Figaro. Mais où notre héros est frappant de vérité, où d'ailleurs il devient un véritable type social, c'est lorsqu'il se trouve en lutte avec Almaviva qui, lassé de Rosine, se rend auprès de Suzanne et lui veut faire la cour. Cette fois-ci Figaro se fâche : il défend son bien avec force, avec virulence ; malheur à Almaviva s'il touche à Suzanne ! malheur à la noblesse si elle touche aux droits du peuple !

Nous avons eu en littérature le « singe de Voltaire » en la personne de Laharpe ; nous avons aussi la « carricature de Diderot » en Sébastien Mercier. Il est vrai de dire qu'il calqua beaucoup son maître et que sa *Brouette du vinaigrier* n'est pas extrêmement originale : elle n'eut d'ailleurs pas grand succès et n'est guère connue que des curieux.

Nous avons indiqué déjà les causes pour lesquelles le théâtre de mœurs subit une période de déclin sous le coup de la tourmente révolutionnaire, d'abord, puis du Romantisme. Mais si sa défaillance fut grande, des années 1792-93 à 1840, son réveil n'en fut que plus glorieux.

Après les désordres de l'école romantique, il se forma un groupe qui essaya de réagir contre les extravagances de toutes sortes où étaient tombés certains écrivains. A leur tête étaient François Ponsard et surtout Emile Augier. Ce nouveau groupement fut appelé l'Ecole du Bon sens.

Emile Augier débuta par une pièce en vers, la *Ciguë*, dont le succès fut très vif. Après un demi-échec avec l'*Homme de bien*, il retrouva sa voie avec l'*Aventurière*. De ce jour il n'eut plus à compter avec le public, tant ce dernier lui était acquis, et, soit qu'il écrivît des comédies en vers telles *Gabrielle*, *Paul Forestier*, *Jeunesse*, ou des satires sociales comme les *Effrontés*, le *Fils de Giboyer*, soit qu'il entreprît contre les romantiques l'apologie du père de famille, remontant en cela à Diderot (dans *Gabrielle*: « O père de famille, ô poète, je t'aime »), ou qu'il nous donnât dans le *Mariage d'Olympe* et dans les *Lionnes pauvres*, en des types de courtisanes achevés, une spirituelle et mordante réplique à la *Dame aux Camélias*, toujours la faveur du public lui fut acquise.

C'est qu'aussi Emile Augier toucha à toute chose qui pût intéresser ses auditeurs ou ses lecteurs. Ou bien il entreprenait de nous montrer la sainteté du mariage, faisait de la famille un véritable sanctuaire dont l'entrée était formellement défendue aux déclassés, ou bien, élargissant son cadre, il s'en prenait à la société, y étudiait tour à tour l'homme d'argent dans *Ceinture dorée*, dans *Maître Guérin*, l'homme politique dans les *Effrontés* ou le *Fils de Giboyer*, l'homme de loi dans *Madame Caverlet*; d'autres fois encore il s'attaquait à un mal social.

Ainsi dans le *Gendre de M. Poirier* il nous faisait toucher du doigt l'antagonisme latent qui existe entre les deux classes de notre société contemporaine ; dans les *Fourchambault*, tout en

mettant toujours la famille sur le même piédestal
d'austérité et d'honorabilité, sa pitié ne manquait
pas de s'égarer sur les infortunes de la vie et il était
bien près de la *Denise* d'Alexandre Dumas lorsqu'il
nous montre une victime de nos mœurs égoïstes en
la personne de la mère de Bernard. Et ce Bernard
lui-même n'est-il pas en quelque sorte un autre *fils
naturel ?* Dans *Jean de Thommeray* enfin, Emile
Augier posait nettement le problème de la patrie et
nous en indiquait la solution, la seule digne de notre rang.

Le théâtre d'Emile Augier mériterait qu'on s'attar-
dât plus longuement à l'étudier tant il y a d'aperçus
originaux, de choses neuves sous les divers aspects
sous lesquels il se présente à nous. Il ne serait que
juste d'insister davantage sur sa valeur littéraire,
sur sa haute portée morale, sur son influence sociale,
mais le temps et l'espace nous sont malheureusement mesurés et nous devons nous séparer d'Emile
Augier non sans proclamer encore une fois la valeur
presque sans égale de son œuvre.

Aux côtés d'Emile Augier, une autre grande figure
se dresse : Alexandre Dumas fils, qui par des uns est
considéré comme le premier auteur dramatique français après Molière et par d'autres comme un écrivain
de très médiocre talent. Dumas a ses détracteurs
systématiques et ses adeptes farouches. Si ceux-ci
le font passer pour un génie tout à fait original, ne
devant rien qu'à lui-même, les premiers ne veulent
voir en lui que le continuateur plus ou moins heureux de Scribe. Et pour commencer, nous devons

donner pleinement raison aux admirateurs de Dumas lorsqu'ils le proclament un incomparable réformiste de la scène comique française.

1852 a été en effet une date aussi mémorable pour la comédie que 1830 l'avait été pour le drame. Le genre comique se mourait petit à petit, et bien piteusement encore, entre les mains d'un Scribe, d'un Etienne, d'un Ponsard, lorsqu'eut lieu la représentation de la *Dame aux Camélias*.

Quelle révolution cette pièce fit faire au théâtre, on le sait ; personne n'ignore les anathèmes dont le jeune auteur fut accablé... mais quelle que fût la violence des attaques, cette pièce fut un des plus grands succès du théâtre du XIXe siècle, succès qui se répète aujourd'hui encore à chacune de ses représcutations.

Mais le résultat le plus important pour nous fut de donner un nouvel essor au génie dramatique d'alors, d'encourager A. Dumas à suivre la voie qu'il venait de se frayer, d'inspirer à Théodore Barrière ses *Filles de Marbre*, à Augier sa terrible réplique : le *Mariage d'Olympe*, en lui montrant surtout quelles étaient les nouvelles tendances de la comédie, soit l'étude de la société contemporaine et de ses tares. Il est à noter d'ailleurs que le vrai Augier, l'Augier des pièces sociales, ne date que d'après 1853 ; il le doit à l'influence immédiate de Dumas fils.

Une fois la route dégagée, notre auteur ne devait pas s'arrêter en si bon chemin et peu après il donna sa *Diane de Lys* où nous retrouvons le même Dumas semi-romantique de sa première pièce. Mais bientôt il lâche ce domaine pour aborder en plein l'étude de la société d'alors ; dans ce genre de comédies, citons le *Demi-Monde* et la *Question d'Argent*. Il a si bien réussi dans cette entreprise qu'un critique autorisé a pu dire : « Il (Dumas) disait un jour que l'auteur dramatique était le confesseur public de la femme ; il fut, si l'on peut dire, le grand confesseur de son temps[1]. »

Maintenant qu'il est connu et aimé du grand public, il attaquera avec une vigueur sans pareille tout ce qui lui semblera « pourri » dans l'état de choses de son temps ; il nous donnera, tirés de ses souvenirs personnels, en 1858, le *Fils naturel* et un an plus tard *Un Père prodigue*. Arrivent alors ses pièces « utiles » où il traite de questions morales et sociales, soit dans les *Idées de Madame Aubray* ou l'*Ami des Femmes* (1867). Après être quelque peu tombé dans le symbolisme, voire dans le mysticisme, avec la *Femme de Claude*, l'*Etrangère*, la *Princesse de Bagdad*, Dumas revient au théâtre social avec *M. Alphonse, Denise, Francillon*.

Nous remarquons donc dans la brillante carrière de notre auteur différentes phases. A la première appartiennent la *Dame aux Camélias* et *Diane de Lys*. Ces deux pièces furent écrites avec toute la fougue passionnée d'un homme qui entre dans la vie, plein d'illusions, qui s'attendrit sur les victimes de l'égoïsme humain, qui voit en Marguerite Gautier non la prostituée qui se vend, mais la femme

[1] Jean du Tillet.

repentante et aspirant à une vie nouvelle. Dumas ici
tient des romantiques : sa Dame aux Camélias nous
rappelle singulièrement la Marion Delorme de Victor Hugo et Armand Duval a plus d'un point commun avec Didier.

A ce propos, l'on a accusé A. Dumas d'avoir tenté
de réhabiliter la courtisane. Est-ce bien vrai ? Nous
ne le croyons pas, car bientôt sa Marguerite va dé-
générer en une Suzanne d'Ange où en une Albertine
de la Borde.

Dans ses pièces à thèse, Dumas ne s'en prend pas
au préjugé, à la tradition, mais aux lois, à la légis-
lation ; ainsi dans le *Fils naturel* il ne fait nullement ressusciter les personnages de Dorval ou d'Antony : ce qu'il tient à montrer, c'est l'inégalité sociale
à laquelle sont soumis les enfants illégitimes. Il
prend à partie le Code, démontre l'illégalité, si l'on
peut dire, de certaines lois et les lacunes qui s'y
rencontrent. A chaque instant nous revient à l'esprit
cette phrase tirée de *M. Alphonse* et que prononce
cette bonne Mme Guichard : « Et les lois pour empêcher tout cela, où sont-elles ? Il n'y en a pas ! » S'il
n'en existe pas, lui, Dumas, en réclame vaillamment ;
il en montre la nécessité absolue dans des pièces
comme *M. Alphonse*, l'*Etrangère, Denise, Francillon*. Il combat toujours pour son idéal, car il en a
un et y croit sincèrement : c'est en son honneur qu'il
rompt ses meilleures lances. Cet idéal c'est l'amour,
mais non la passion que peu avant lui les romantiques exaltaient en leur Antony, Chatterton, Didier,
Hernani et Ruy Blas, mais au contraire l'amour

conjugal, base la plus sûre de l'intégrité de la famille, de l'Etat, de la société en général. Seulement Dumas pense qu'à son époque cet amour est contaminé et sérieusement menacé, « faussé par les lois, décomposé par l'adultère, altéré par les mœurs, corrompu par la prostitution » ; il s'agit donc de le reconstituer : c'est là sa pensée prédominante.

Il s'agit de le refaire, mais comment, si ce n'est par le mariage, par la famille ? Ecoutons plutôt ce que nous dit avec son gros bon sens bourgeois le notaire du *Fils naturel :* « Se marier quand on est jeune et sain, choisir dans n'importe quelle classe une bonne fille, honnête et saine, l'aimer de toute son âme et de toutes ses forces, en faire une compagne sûre et une mère féconde, travailler pour élever ses enfants et leur laisser en mourant l'exemple de sa vie ; voilà la vérité, le reste n'est qu'erreur, crime ou folie. »

Neuf ans s'écoulent, puis c'est Camille Aubray qui reviendra à la charge et qui, avec toute l'énergie passionnée d'un amant, s'écriera : « L'amour est le grand moyen de bonheur, de civilisation, de perfectibilité que l'humanité ait à son service. Il faut reconstituer l'amour en France. » Pensant qu'il ne s'était pas suffisamment expliqué, c'est Dumas lui-même qui peu après, dans la *Préface de la Dame aux Camélias* nous dit : « Il faut reconstituer l'amour en France, par conséquent en Europe. » Dans ce travail de reconstitution, notre auteur a-t-il réussi ? C'est ce que nous verrons plus loin.

Quoi qu'il en soit, le théâtre de Dumas est entièrement acquis aux déshérités : sa pitié est grande pour eux. Mais elle ne s'exprime pas la larme à l'œil, un trémolo dans la voix ; et l'on comprend alors qu'il se soit trouvé des critiques comme Sarcey pour écrire cette phrase lapidaire : « Il (Dumas) n'aime point la femme, elle n'est pour lui qu'un sujet de dissection ; il ne compatit pas à sa chute, il ne s'en indigne point. » Certes, notre dramaturge n'est pas tendre à l'égard des Suzanne d'Ange, des Albertine de la Borde, des Sylvanie et autres prostituées de marque qu'il rencontre sous sa plume. Il aime à les déshabiller, à leur « administrer publiquement le fouet » ; il raille l'incomprise avec tout l'esprit qu'on lui sait, il flétrit les Césarine et les Mrs Clarkson avec véhémence. Mais aussi de quelle douceur n'use-t-il pas à l'égard de ses héroïnes, à l'égard de celles qui répondent à son idéal d'amour ! Avec quelle vigueur il les défend, et les Marguerite Gautier, et les Jane de Simerose, et la Jeannine des *Idées de Madame Aubray*, et les Denise, et les Francillon ! Seul il fait échoir à l'homme « toutes les responsabilités des fautes commises par la femme ». N'est-ce pas Dumas qui a exalté « le sexe qui peut donner des mères comme Cornélie et sainte Monique, des héroï-nes comme Jeanne d'Arc, Jeanne Hachette, Jeanne de Montfort, Jeanne de Flandres, Jeanne de Penthiè-vre, Jeanne d'Albret, des reines comme Blanche de Castille, des poètes comme Sapho, etc. ? » En ce mo-ment, Dumas est près de dire avec Legouvé :

Tombe aux pieds de ce sexe à qui tu dois ta mère.

Aussi le mot d'Émile Zola : « Il la tuait (la femme)

à coup de talon, maintenant il l'installe dans un paradis de béatitude » est-il plus vrai et plus juste que la phrase de Sarcey citée plus haut.

On ne saurait mieux terminer cette rapide esquisse d'étude sur Dumas fils que par cet éloge très flatteur qu'un de nos meilleurs critiques lui décerne, à lui et à son théâtre : « Il a défendu dans son théâtre les victimes du pharisaïsme humain en proclamant le droit à l'estime pour ceux qui avaient péché par ignorance, le droit à l'honneur pour ceux qui souffraient par les autres[1]. »

Nous ne saurions passer de Dumas à Henry Becque sans saluer au passage deux autres auteurs dramatiques qui tous deux ont tenté, sans grand succès, de représenter l'homme d'argent de leur époque. L'un d'eux, le grand romancier réaliste Balzac, a donné au théâtre une étude très fouillée de l'homme de bourse en son *Mercadet* ou le *Faiseur ;* du second, Octave Feuillet, nous avons *Montjoie,* où l'auteur de l'*Urne* et du *Cheveu blanc* a tâché de retrouver un peu de la vigueur qu'il avait mise dans un de ses meilleurs romans : *Monsieur de Camors.*

Si Mercadet est devenu le type de l'homme d'affaires rusé, retors, ce n'est pas sans raison. Pour tous ceux qui ont lu cette comédie, il est resté vivant en l'esprit, car il sort beaucoup des lieux communs pour faire figure grande et même attachante parmi le troupeau des financiers de théâtre, de Turcaret à M. Piégois.

---

[1] Jean du Tillet.

Mercadet, tripoteur d'affaires louches, extrêmement doué d'imagination, et à la veille d'être ruiné,
un de ses associés, Godeau, s'étant enfui avec la
caisse. Il ne lui reste plus de ressources si ce n'est
de marier sa fille avec un homme riche. Un certain
M. de la Brive est en passe de devenir son gendre,
mais il est forcé d'avouer n'avoir que des dettes et
s'appeler Michonnin tout court. Que faire? Pour que
ses créanciers prennent patience, Mercadet songe à
faire passer, faute de mieux, son ex-futur gendre,
pour Godeau, retour des Indes. Mais Mme Mercadet
s'oppose à ce subterfuge et va payer les dettes de son
mari avec ses biens, lorsqu'arrive à temps le vrai
Godeau pour sauver la situation. Julie épousera un
honnête comptable du nom de Minard, qui se trouve
être le fils naturel de Godeau. Ce qu'il faut surtout
admirer dans cette pièce, outre une ou deux scènes
très bien faites, — soit celle où Mercadet et Michonnin sont aux prises, — c'est l'allure générale faite de
vie, de mouvement. Le type de Mercadet est très
bien étudié, mais tout aussi bien le sont les types
des différents créanciers, soit des courtiers et usu-
riers Berchut, Goulard, Pierquin, Violette, du propriétaire Brédif, etc. Il n'est pas jusqu'aux domestiques qui ne soient analysés avec le même brio : au
lieu d'être inquiets, ils sont enthousiastes de leur
maître, il leur est presque égal qu'il ne paye pas
leurs gages tant ils l'admirent.

On a peine à croire à présent que le public ait pu
s'engouer, au point de voir en Octave Feuillet le premier auteur dramatique de son temps, d'une pièce

aussi faible que *Montjoye*. Et dire que pour beaucoup Montjoye était devenu le type de l'homme fort,
de l'homme du siècle, qui va brisant tout devant lui
« jusqu'à ce qu'un réveil de sa conscience le fasse
pleurer comme un enfant »!... Montjoye, qui repré-
sentait aux yeux de certains le scepticisme uni à une
volonté très forte, n'est en réalité qu'un personnage
conventionnel, fait d'à-coups et ne relevant que très
peu de la psychologie, et comme le dit très bien
Emile Zola dans un de ses feuilletons dramatiques :
« on arrive à conclure qu'il est un coquin digne du
bagne, un coquin en gants blancs qui se bat après
avoir volé et qui se fait ermite en se faisant vieux. »

Montjoye, associé à un brave homme nommé Sorel, conduit ce dernier à la ruine en se retirant de
l'association. Propriétaires de mines d'or au Brésil,
il apprend par un rapport d'ingénieur que les mines
en question sont très faibles en or, mais en compensation très riches en cuivre. Au lieu de faire part de
la chose à Sorel il se désassocie d'avec lui ; Sorel
en exploitant les mines pour en retirer de l'or y perd
toute sa fortune et finalement se suicide ; alors Montjoye de les racheter à vil prix, de les exploiter
comme mines de cuivre et de s'édifier une fortune
colossale. Est-ce là l'acte d'un homme fort? Point,
c'est l'action d'un gredin et Montjoye, à nos yeux, ne
peut être que cela.

L'intrigue qui se noue sur cette donnée est des
plus connues, car c'est toujours la même : Sorel a
laissé un fils Georges qui se met à aimer Cécile, la
fille de Montjoye.

Georges a connaissance des tares du père de son amante ; une explication a lieu qui se termine par un duel entre Montjoye et Georges. Ce dernier est grièvement blessé. Ici à nouveau Zola s'insurge et à juste titre contre les conventions de cette pièce et il en donne des raisons d'ordre matériel et moral : Un duel est logiquement impossible entre Georges et l'assassin de son père ; de plus, les duels entre gens de bourse sont plutôt rares.

Une autre caractéristique de l'homme fort qu'a voulu nous dépeindre Feuillet, est que Montjoye vit maritalement avec une demoiselle de noble extraction, Henriette de Sissac, dont il a eu deux enfants — illégitimes — Cécile et un fils Roland. Nous ne saurions croire que, s'il était vraiment un esprit supérieur, Montjoye n'ait pas voulu régulariser sa situation qui ne saurait lui causer que des ennuis et des désagréments. D'autant plus qu'à la première menace faite par sa concubine et ses enfants de le quitter, il se sent vaincu, brisé, et se repent. Cécile pourra épouser Georges et celui-ci chercher en son beau-père un second père. Toutefois nous avons de la peine à nous faire à l'idée de Georges, marié, dînant avec Montjoye ! Mais s'il en était autrement, cette comédie ne serait plus romanesque, Montjoye serait d'une nature plus forte et O. Feuillet ne serait pas l'auteur de cette diatribe contre l'homme du siècle.

Un dernier mot avant d'en venir à Becque pour noter en passant une délicieuse comédie de George Sand, *Claudie*, qui n'est rien d'autre qu'une *Denise*, mais une Denise d'un milieu moins bourgeois.

Il est trois œuvres d'Henry Becque qui persisteront à délecter les amateurs de sensations fortes, de sensations justes; ces trois comédies sont : *Michel Pauper*, les *Corbeaux* et la *Parisienne*. Becque eut le grand mérite, après Augier et Dumas, de trouver une nouvelle forme de théâtre. L'on ne saurait dire de ses comédies qu'elles sont franchement comiques : elles ne le sont point du tout. Ou du moins, si l'on veut y voir par force un sens comique, il ne le faudra pas chercher dans l'alliance des mots, mais tout au plus dans la composition de certains jeux de scène. L'on pourra fort bien assister à la représentation d'une œuvre de Becque sans se sentir un seul instant égayé, ou par la fable ou par les discours qu'on verra et qu'on entendra trois, quatre ou cinq actes durant. Bien au contraire, plus d'une fois, on ressentira un douloureux serrement de cœur à assister soit aux souffrances de ce génial Michel *P*auper, subjugué par une moderne Dalila et cherchant dans l'alcool une fin à ses ennuis, soit au pénible spectacle que nous donnent et le mari et l'amant trompés tous deux avec la même désinvolture, soit encore aux cruelles épreuves qui assaillent soudain la très probe famille Vigneron, en butte aux exactions de créanciers peu scrupuleux.

Ce qui fait le fond de toutes les pièces de Becque, c'est l'argent; c'est par amour de lui que l'héroïne de *Michel Pauper*, Hélène de la Roseraye, se prostitue; c'est pour lui que la « Parisienne » prend un jour un amant, quitte à le remplacer un autre jour ; c'est toujours pour lui que se commettent toutes les infamies dont les *Corbeaux* ne sont qu'un tissu.

Parmi les innombrables pièces qui encombrent le théâtre, il en est peu qui soient aussi énergiques, aussi vécues que cette comédie d'Henry Becque. Voici rapidement résumée l'analyse de la pièce : M. Vigneron de la maison Teissier, Vigneron et Cie, vient à mourir subitement en pleine affection familiale. Son associé Teissier demande la liquidation. Aidé d'un notaire matois du nom de Bourdon, d'un architecte Lefort, et d'autres créanciers encore, Teissier arrive à ruiner complètement la veuve Vigneron et ses trois filles Marie, Blanche, Judith. Celles-ci, sans soutien aucun, délaissées par tout le monde, après avoir essayé de lutter contre l'adversité, se voient forcés d'arriver à contrition. Teissier s'est laissé prendre par le charme de Marie Vigneron ; bien que vieux et usé, il ne désire rien moins que d'unir sa vie de célibataire grognon à celle de cette gracieuse enfant. Pour sauver les siens, Marie consent à devenir la compagne du plus rapace des « corbeaux » auxquels sa famille ait eu à faire.

Il faut lire cette pièce, poignante de réalité, triste à faire pleurer. En une langue vigoureuse et sobre, en un style châtié, Henry Becque a su stigmatiser avec force les agissements des hommes de loi et des hommes d'affaires, ne voyant dans la vie que leur jouissance propre, dût-elle coûter la destruction du bonheur d'autrui. Et tout comme les corbeaux se peuvent réjouir des hécatombes d'hommes tombés sous les balles ennemies, ainsi les Teissier et les Bourdon éprouveront une joie malsaine à édifier leur fortune sur les misères de leurs semblables !

CHAPITRE II

La famille au Théâtre.

Auteurs.	Pièces.	Dates.
MAURICE DONNAY	Amants	1895
—	La Douloureuse . .	1897
	ᴶ L'Affranchie . . .	1898
	Georgette Lemonnier	1898
	Le Torrent . . .	1899
	La Bascule . . .	1901
—	L'Autre danger . .	1902
JULES LEMAITRE	Le Pardon. . . .	1895
—	La Massière . . .	1904
F. DE CUREL.	L'Invitée	1893
—	La Figurante. . .	1896
—	L'Amour brode . .	1898
ALFRED CAPUS.	La Veine	1901
—	Les deux Ecoles . .	1902
—	La Châtelaine. . .	1902
—	L'Adversaire . . .	1903

ALFRED CAPUS.	*Monsieur Piégois* .	1905
PAUL HERVIEU.	*Les Tenailles.*. . .	1895
—	*La Loi de l'homme* .	1897
	La Course du Flam-	
	beau	1901
	L'Enigme	1901
—	*Le Dédale*	1903
HENRY BERNSTEIN.	*Le Marché.* . . .	1900
—	*Le Détour*	1902
	Joujou	1903
—	*Le Bercail.* . . .	1904
HENRY BATAILLE.	*Maman Colibri* . .	1904
J. CASE.	*La Vassale* . . .	1897
J. RENARD.	*Poil de Carotte* . .	1897
A. GERMAIN.	*Famille.*	1895
E. FABRE. .	*Comme ils sont tous.*	1894
—	*L'Argent*	1895
GEORGES ANCEY.	*La Dupe*	1891
E. BRIEUX.	*Les trois filles de M.*	
	Dupont	1897
	Le Berceau . . .	1898
	Les Remplaçantes .	1901
	Les Avariés . . .	1901
	Maternité	1903
—	*La Déserteuse.* . .	1904
MARCEL PRÉVOST.	*La Plus Faible* . .	1904
G. DE PORTO-RICHE.	*Le Théâtre d'amour.*	1904

Il suffit de jeter un rapide coup d'œil sur cette no-
menclature de comédies pour être édifié quant à la

production théâtrale, au point de vue de la question familiale. Volontairement, et involontairement d'ailleurs, nous omettons un grand nombre de pièces qui parurent sur l'affiche, toutes pièces se rapportant à cette question.

C'est qu'il faut le dire : beaucoup d'auteurs à la recherche de sujets faciles, puisèrent maintes et maintes fois dans une source aussi intarissable que l'est celle-ci. Si quelques-uns, comme l'auteur de *Madame Flirt* ou de l'*Amant de ma femme*, ne cherchèrent dans leur pièce qu'analyses plus ou moins bien faites des choses d'alcôve, d'autres au contraire ne se contentèrent pas de ces sujets abondants, mais nuls.

Les uns, comme M. Hervieu, étudièrent les défectuosités du Code, son parti pris contre la femme ; il fut bien secondé dans sa tâche par M. Brieux dans une de ses pièces, *Le Berceau*, ou par M. Prévost dans *La Plus Faible*.

D'autres s'efforcèrent de défendre la femme dans la société. Ils montrèrent le rôle dépravant que certaines d'entre elles jouent dans la vie. Ils rompirent leurs meilleures lances en faveur des « dupes» et des « vassales » que l'homme soumet à ses lois.

Chose étonnante ! Alors que certains auteurs en des pièces de théâtre, des conférences, ou des pétitions aux Chambres demandaient l'extension du divorce, il s'en trouva d'autres qui ne tentèrent pas moins que de prouver l'inanité des revendications féminines. Et alors que l'auteur de *Madame Caverlet* venait à peine de mourir, alors qu'Alexandre

Dumas fils avait enfin vu ses efforts couronnés de succès par le vote de la loi Naquet, l'on vit le public applaudir des pièces telles que le *Berceau* et le *Dédale*, où leurs auteurs nous montrent les vilains côtés du divorce.

C'est que celui-ci avait produit ses fruits et si la cueillette avait été abondante elle avait pour le moins été loin d'être satisfaisante. Plus d'une fois, des époux divorcés avaient souffert du « partage de l'enfant ». D'autres fois encore, le divorce ayant été rendu trop facile, il arrivait que l'un ou l'autre des époux en profitât, n'obéissant qu'à un coup de tête qui devait rendre lui-même et ses proches très malheureux. La saison 1904-1905 fut à ce point de vue très caractéristique ; alors que tous les journaux ne juraient que féminisme à outrance, alors que le cri du jour était un appel à l'émancipation de la femme, à trois reprises, le public fut convié à assister à des comédies où l'on voyait la femme repentante venir se retremper au foyer conjugal. Dans la *Déserteuse* de Brieux, elle trouve la place prise ; dans la très forte étude de mœurs de Henry Bataille *Maman Colibri*, nous la verrons chercher en une affection d'aïeule le foyer qu'elle quitta au temps de sa jeunesse; dans le *Bercail* enfin, de M. Bernstein, ce fut pour nous un exemple réjouissant de voir l'Eveline, lectrice des poésies de Mme de Noailles, s'en revenir les larmes aux yeux implorer le pardon de son mari.

Il n'est pas jusqu'au mari qui n'ait changé d'aspect dans notre théâtre. Il y a quelques années en-

core, on riait de ses mésaventures ; on le faisait vo-
lontiers sot, fat, bonasse ; ou bien encore on en faisait
un maître autoritaire (comme dans la *Vassale)* ou
un brutal (comme dans la *Dupe)*.

A l'amant seul était réservé le beau rôle ; il était
pour la plupart du temps jeune, beau, chevaleresque, vaillant comme un explorateur, nature franche
comme un marin, poétique comme Musset lui-même. Hélas ! comme les temps nous changent ! Le
Forjot de la *Déserteuse* n'est pas à nos yeux le même
homme que ceux dont nous venons de parler. Il n'a
rien en lui d'un mari autoritaire et encore moins
d'un mari brutal ; on ne saurait lui reprocher que sa
bonhomie ; quant à l'amant de Mme Forjot, il vaut
autant ne pas en parler. Le baron de Rysbergue
crayonné par M. Bataille dans *Maman Colibri*, est
loin d'être mauvais époux, pas plus d'ailleurs que
ne l'est l'Etienne Landry du *Bercail*.

Nous n'avons d'autre part que mépris ou dédain
pour la personne d'un séducteur à la façon de Chérubin et nous ne saurions que plaindre cette pauvre
Maman Colibri de tomber en pareilles mains. Pis
encore est l'amant d'Eveline Landry. Bien qu'il se
pique d'être auteur, d'avoir l'âme poétique, Jacques
Faucher ne revêt à nos yeux cet habit d'emprunt que
pour mieux entraîner dans le vice la nature sentimentale d'Eveline.

Après avoir noté la transformation qui s'est faite
ces derniers temps au théâtre, il nous reste à parler
des résultats obtenus par certains auteurs, porte-
drapeaux des revendications féminines.

Une des plus importantes est le vote de l'abrogation d'un certain article du Code qui défendait à la femme ou à l'époux adultère d'épouser, après divorce, son complice. Le législateur avait en effet laissé subsister cet article dans la pensée que le châtiment infligé ainsi aux complices ne serait pas peu pour amener leur repentir. Or, qu'arrivait-il ? Ne pouvant consacrer légalement leur union, l'homme et la femme adultères tombaient pour ainsi dire toujours dans le concubinage. Leurs enfants, par le fait illégitimes, payaient ainsi le plus souvent les fautes de leurs parents. L'abrogation de cet article mettra donc fin à cet état de choses.

Le théâtre est pour beaucoup cause du mouvement d'opinion qui se fait en faveur d'une revision du Code civil (français). *Par* ses pièces courageuses, par ses comédies à thèse, il a plus d'une fois montré la mauvaise organisation de notre état social et il a contribué pour beaucoup à ouvrir les yeux à plus d'un législateur, à plus d'un juriste. Aussi ces derniers ont-ils tenu à prouver leur reconnaissance en faisant de trois de nos plus célèbres dramaturges leurs collaborateurs dans une commission nommée pour la revision du Code. Là, MM. Hervieu, Brieux et Prévost, pourront au mieux défendre les idées qu'ils préconisent dans leurs pièces.

Il serait temps maintenant de donner une idée assez succincte des œuvres vraiment neuves qui en ces dernières années ont illustré le théâtre français.

Il nous faut les classer par auteur; nous ne pouvons les suivre d'après la date de leur représentation, certains auteurs étant à différentes reprises revenus sur le même sujet. M. Paul Hervieu sut nous intéresser quatre ou cinq fois par le pathétique de ses œuvres ainsi que par leur logique implacable. M. Brieux ne fit pas œuvre d'analyste ; il chercha plutôt à moraliser, à prêcher. Dans Donnay nous trouverons la note tragique et M. Capus ne manquera pas de nous faire sourire par la fantaisie et le brio de ses comédies.

Dans les *Tenailles*, M. Hervieu s'en prend aux lois ; les « tenailles » ce sont elles. L'auteur nous présente tout d'abord Robert Fergan, mari qui n'est ni sot ni méchant et qui est tout au plus infatué de lui-même.

Sa femme, Irène, n'a pas su trouver en lui le bonheur qu'elle attendait. Déçue, elle ne l'aime plus ; elle est prise de regrets, elle se lamente sur sa jeunesse qui passe, lorsque réapparaît Michel Davernier. Celui-ci l'aima enfant ; il en est encore ainsi à présent. Irène s'en aperçoit et se remet à espérer. Qu'elle obtienne de son mari le divorce et elle pourra épouser Michel ; elle lui en donne l'assurance. Mais Robert Fergan, fort de la loi, refuse, et Irène reste rivée à son malheur. Dix ans s'écoulent ; un enfant est né. Robert, devenu affable, se trouve presque heureux. Irène, toujours soumise, n'est qu'à demi résignée. Elle tient à avoir son fils, de santé chétive, auprès d'elle ; mais Robert refuse, préférant pour l'enfant la vie de collège. Mais cette fois-ci Irène se révolte : elle avoue à Robert que l'enfant n'est. pas de lui, mais de Michel Davernier. Seul ce dernier a droit sur lui. Robert la veut chasser, mais Irène, forte du droit que lui confère la loi, restera toujours avec son mari, le père... légal de son enfant ! Avec lui « elle restera rivée au même boulet ! » Les tenailles, ce·sera, cette fois-ci, Irène qui les aura entre les mains.

Cette « lutte de deux volontés enfermées par la loi » est splendide dans son âpre violence.

Dans la *Loi de l'homme* du même auteur elle se fait encore plus vive, plus cruelle. Laure de Raguais est le modèle des épouses malheureuses ; son mari la trompe impudemment avec Mme d'Orcieu. Elle s'informe auprès d'un commissaire de police pour savoir si elle peut avoir recours contre son mari. Le représentant de la loi lui apprend qu'elle ne peut rien contre M. de Raguais, le délit n'ayant pas lieu au domicile du mari. Première injustice.

Cinq ans plus tard, Laure, qui vit à l'écart du monde, loin de son mari, apprend que sa fille, dans un de ses rares séjours auprès de son père, s'est éprise du propre fils de Mme d'Orcieu. Le mariage va se faire ; toutefois on demande à Laure son consentement. Elle le refuse, elle ne veut que sa fille devienne la bru de la maîtresse de son père. Mais son refus ne la conduit à rien, le consentement du père étant, d'après le Code, suffisant. Et c'est là que réside la deuxième et surtout la très grande injustice dont Laure est frappée. Ici l'auteur a pleinement raison ; la femme est durement soumise à la « loi de l'homme » et, quoi qu'elle fasse, le Code lui donnera tort.

Il s'agit donc, avant toute chose, de réformer ces lois injustes, ces lois de douleur.

Une des dernières œuvres de M. Paul Hervieu et celle qui appela le plus l'attention du grand public, l'*Enigme*, s'occupe aussi de la question de l'adultère. Avec force, l'auteur s'élève contre le droit de plus en plus accrédité que se croient certains maris de venger leur honneur... en tuant l'épouse infidèle. Le drame de M. Hervieu est poignant, il fait vibrer en nous bien haut nos sentiments de justice ; il fait aussi appel à notre raison.

Reste le *Dédale* où M. Hervieu se trouve en complet accord avec M. Brieux, qui quelques années auparavant avait émis dans le *Berceau* la même thèse, à savoir qu'il est beaucoup de femmes divorcées et remariées en lesquelles persiste le premier amour. Il suffit d'un incident quelconque qui remette les deux ex-époux en face l'un de l'autre, pour que, oubliant le passé, ils se remettent à s'aimer, quitte à faillir aux devoirs qu'un nouveau mariage leur peut imposer. Dans le *Marquis de Priola* de M. Lavedan nous trouverons aussi un épisode de ce genre.

Plus d'une fois nous aurons encore à parler de M. Brieux au cours de notre étude sur le théâtre social. Il est peu de domaines qui n'aient tenté cet audacieux écrivain. Dans le chapitre qui nous occupe, il n'est pas resté en arrière ; tout d'abord dans ses *Trois filles de M. Dupont*, où il nous dépeint avec chaleur la vie de province, morose et faite d'ennui, et où nous voyons trois sœurs en proie à la lutte pour la vie. L'une d'elles est obligée de rester vieille fille ;

la cadette qui croit faire un bon mariage est grossièrement trompée et joue misérablement le rôle de
« dupe ». Il n'est guère que l'ainée qui, devenue femme de mauvaise vie, ait de quoi vivre et puisse venir
au secours de ses sœurs. Nous avons déjà donné le
thème du *Berceau* ; nous n'y reviendrons pas.

Dans les *Avariés*, Brieux entre en campagne pour
demander que chaque fiancé apporte dans le mariage, au lieu d'une dot plus ou moins rondelette, la
santé. Et tout en examinant en détail une maladie
depuis lors appelée à un grand renom, l'auteur demande instamment l'introduction dans nos mœurs
du « certificat de santé ».

Dans *Maternité* enfin, M. Brieux fait œuvre de
révolutionnaire ; il ne mâche pas ses mots à l'égard
de nos institutions sociales et de notre pharisaïsme
bourgeois. Après George Sand (*Claudie*), après A.
Dumas fils (*Denise*), il demande que la fille-mère ne
soit plus l'objet du mépris public, ni même de com-
misération, mais qu'au contraire on n'ait pour elle
que respect et honneurs. Par un autre côté son œuvre touche de près à une comédie de Mme Nelly
Roussel : *Par la révolte*, où est prêché comme seule
manière de sauvegarder notre état social un néo-
malthusianisme fait pour remédier aux maux dont
est accablée la population ouvrière.

Nous en arrivons à la *Déserteuse*, faite en collaboration avec M. J. Sigaux ; il nous a déjà été donné
à deux ou trois reprises de noter la tendance de cette
pièce, tendance qui seule peut nous intéresser, la
comédie elle-même n'étant pas de valeur très grande.

Parlerons-nous du pessimisme qui se fait jour dans la plupart des comédies de M. Donnay ? Marquerons-nous d'un trait de plume, au passage, la philosophie du « tout est pour le mieux » que nous devons à la sagesse de M. Capus ? Nous n'en ferons rien. La chose nous entraînerait trop loin ; presque dans toutes les comédies de M. Donnay, le dénouement est fait de larmes, mais en compensation ceux dus à Capus sont d'une grâce et d'une élégance dont l'auteur ne s'est guère départi qu'une seule fois. Et encore n'était-il pas seul à signer l'œuvre en question, l'ayant faite en collaboration avec M. Arène. Dans l'*Adversaire* les choses ne s'arrangent pas... en quoi elles ont tort.

Plus loin, nous aurons à revenir à la *Blanchette* de M. Brieux, mais dès ici nous tenons à donner une citation de cette pièce. Blanchette, institutrice, n'a pu trouver de place stable ; de retour chez les siens qui l'avaient chassée, elle implore leur pardon et trouve les mots les plus touchants pour l'obtenir. Exaspérée devant le visage glacial de son père, elle finira par s'écrier : « Je regrette presque maintenant de ne pas avoir imité d'autres diplômées, comme moi, que j'ai rencontrées, qui se conduisent mal et qui n'en sont pas plus à plaindre pour ça, au contraire... Oui, oui, je dis la vérité, l'instruction ne donne pas la vertu... Il n'en manque pas des malheureuses qui peuvent envelopper leur carte de fille soumise dans leur brevet d'institutrice. »

Nous voyons là une des multiples causes de la prostitution qui sévit de nos jours. Dans les *Rem-*

plaçantes nous en voyons une autre ; ces pauvres femmes n'ayant pas de quoi vivre, qui d'autre part se doivent à elles-mêmes d'être proprement habillées, qui enfin se voient en butte aux poursuites libertines de leurs patrons, n'ont le plus souvent pas d'autre moyen de se protéger de la misère que de se livrer à la prostitution. D'autres fois encore elles se trouveront entraînées malgré elles dans des maisons publiques, ce qui sera le cas pour nombre de jeunes filles aux mains de racoleurs faisant la « traite des blanches ». Nous trouverons dans *Mineure* de M. Jean Jullien un essai d'étude sur ce scabreux sujet. Depuis quelques années cependant il s'est fait un grand mouvement de réprobation et le proxénétisme, puni sévèrement, tend heureusement chaque jour davantage à disparaître.

CHAPITRE III

La question sociale et économique sur la scène.

A. — LES BRASSEURS D'AFFAIRES

Pièces.	Auteurs.	Dates.
Le Cuivre	P. ADAM.	1895
Les Affaires sont les Affaires	O. MIRBEAU.	1903
Les Ventres dorés. . . .	E. FABRE.	1905
Monsieur Piégois	A. CAPUS.	1905

La première étude du « traitant » date de *Turca-ret ;* c'est la gloire de Lesage que d'avoir introduit ce personnage sur la scène. De Lesage il nous faut arriver au théâtre d'Emile Augier et à celui d'Alexandre Dumas fils pour retrouver dans leur *Ceinture dorée*, dans leurs *Effrontés* ou leur *Question d'Argent*, ce type si vivant et de plus en plus répandu. Il ne nous faut pas, il est vrai, oublier le *Mercadet* du grand Balzac, ni le *Montjoye* du délicat Feuillet. Puis ce fut le tour d'Henry Becque de nous donner les *Cor-*

beaux, cette satire virulente, corrosive, que lui ins-
pirèrent les Turcarets de son époque. Nos auteurs
dramatiques contemporains tentèrent, les uns, comme *P*aul Adam, de nous montrer la puissance mon-
diale de l'or ; les autres, comme O. Mirbeau, voulurent
donner au théâtre une analyse exacte de l'homme
d'affaires d'aujourd'hui. Ou bien encore il se trouva
un Emile Fabre pour nous intéresser aux entrepri-
ses, non plus d'un homme, mais d'une banque ; et
d'aucuns comme Alfred Capus soulignèrent de leur
fine mais compatissante ironie les personnages in-
souciants qu'ils créèrent en un M. Piégois et Julien
Bréard.

· Le *Cuivre* est une pièce symbolique ; il en est
parmi ses personnages qui n'ont rien de la vie et ne
sont mis là que comme emblème. Il s'agit pour l'auteur de nous dépeindre la puissance de l'argent sur
les événements mondiaux. *P*our ce, il nous introduit
dans un milieu mi-financier, mi-diplomatique. On y
discute fort la possibilité. d'une guerre entre deux
Etats de l'Amérique du Sud.

S'il est une chose abominable c'est bien la guerre,
mais ce qu'il y a de plus horrible c'en sont les
dessous. Si par milliers des hommes tombent, si
de toute part on n'entend que lamentations et plaintes déchirantes, si les veuves et les orphelins se
comptent par centaines et centaines, on n'est rede-
vahle de tout cela qu'à quelques spéculateurs qui
édifieront leur fortune sur ces ruines lamentables.

La république du Quesitado a conclu une paix
honorable avec sa voisine la république de l'Equa-

teur. Si pauvre que soit le premier Etat, il doit payer une indemnité de guerre au second ; cet argent il le tire d'une redevance que lui paye annuellement pour l'exploitation de mines de cuivre un grand industriel anglais Humphry. La paix qui fait le bonheur de tout un peuple, ne fait pas l'affaire d'un certain financier du nom de Vogt. En effet, ce dernier est fournisseur des armées de la république de l'Equateur auxquelles il livre des souliers en carton, des fusils en mauvais état, des vivres avariés, etc. Comptant sur la continuation de la guerre, Vogt vient d'acheter quatre cuirassés dont la marine française ne veut plus. Et voici que la paix vient déranger ses projets car il pensait revendre son acquisition à la république du Quesitado. A tout prix Vogt veut que la guerre recommence et pour cela il ne reculera devant aucun sacrifice d'argent. Tout d'abord il circonvient par la corruption et le chantage les chargés d'affaires de France et de Russie.

Il s'agissait à présent d'arriver à ce qu'Humphry dénonce son traité et à ce qu'ainsi le Quesitado ne puisse plus payer sa rançon de guerre à l'Equateur. Pour cela Vogt fera fomenter tout d'abord une grève dans les chantiers de la Compagnie Humphry ; Vogt ne réussit pourtant pas, Humphry, rêveur humanitaire, préférant perdre quelques millions plutôt que de jeter ses ouvriers dans la rue. Il ne reste plus à Vogt qu'une ressource : c'est de faire agir sur l'Anglais sa sœur, Anna Vogt, belle, séduisante, une « femme fatale ». Anna a rapidement fait de mater Humphry, auprès de qui elle joue le rôle de Dalila :

« Je resplendirai d'une passion brûlante pour la maturité de tes jours », lui dit-elle. Elle le prie de se donner à elle, pour une heure seulement, sûre qu'en cette heure Humphry, défaillant, lui promettra tout ce qu'elle désire. Et après quelque résistance, une fois de plus, Dalila a raison de l'Homme : Samson s'abat sur ses genoux en proie à une prostration voisine du néant.

Au dernier acte, notre société de gens de la finance et de la diplomatie assiste du haut d'une terrasse à la guerre rallumée. Vogt triomphant applaudit à l'entrée dans le port de San Luiz de Quesitado de ses quatre mauvais bateaux qu'il a pu vendre au gouvernement de la république. Tout à coup des clameurs s'élèvent : la foule déborde de tous côtés, hurlant derrière une tête coupée : la tête de Caldas, le héros de la guerre précédente et qui, gagné par les idées humanitaires et pacifistes de sa fiancée, Sonia Daniloff, a refusé de reprendre les armes. Sonia, à la vue de cet horrible spectacle, se meurt tandis que son père, le chargé d'affaires de la Russie, échange des mots d'amour avec Mme d'Aufflers, femme du représentant de la France. Quant à Humphry, il devient presque fou en entendant Anna exalter, en un langage supra-terrestre, la beauté de la guerre destructive !

Nous n'insisterons pas plus longuement sur ce drame de l'argent où à côté de beautés remarquables on distingue bien des ficelles et des non-valeurs. Tout au plus donnerons-nous un passage de la réponse que fit l'auteur à une critique de M. Gustave Geffroy :

« M. Gustave Geffroy prétendit que le personnage d'Anna Vogt ne vivait point. Un personnage tel qu'Anna Vogt... est semblable aux figures des anciennes estampes expliquées par les banderolles écrites qui sortent de leurs bouches.

» Pourquoi donc? L'existence d'Anna Vogt demeure-t-elle, en effet, toute, en dehors du milieu, sacrifiée à l'Idée seule. Et parce qu'elle symbolise une philosophie, doit-on la considérer seulement comme un symbole. Nous ne l'avions certes pas créée telle... '»

Nous aurons plus loin dans le chapitre concernant les « races et les castes », à revenir sur le personnage d'Isidore Lechat, créé par M. Octave Mirbeau dans sa comédie *Les Affaires sont les Affaires*. Nous ne croyons pas que depuis le Mercadet de Balzac il ait été donné une figure plus franchement originale, plus nature, que celle de cet homme d'affaires. Isidore Lechat a fait fortune par d'heureuses spéculations ; il a deux ambitions : devenir député — ce qui lui sera facile, et unir sa famille à celle des Porcellet, famille de vieille roche ne possédant plus pour toute fortune que sa couronne de marquis. Cette orgueilleuse tentative ne réussit pas à Isidore Lechat, car sa fille, sur qui il comptait pour la réaliser, se refuse d'épouser quelqu'un d'autre que l'élu de son cœur, le propre secrétaire de son père, Lucien Garraud. C'est pour Isidore une déconvenue très grande ; pris de colère, il chasse la malheureuse de chez lui ; que de rancœurs en un jour où il devrait pourtant

¹ Le Cuivre (Paul Adam et A. Picard), 1895.

avoir tout son esprit à lui, car il est en train de traiter une affaire de la plus haute importance avec deux ingénieurs venus chez lui pour la conclure et cherchant à l'envi à qui le « roulera » le mieux.

A peine est-il remis de son émotion première qu'on lui vient annoncer la mort de son fils, un jeune noceur en qui Lechat plaçait toutes ses espérances.

Cette fois-ci Lechat est cruellement atteint, il se laisse aller entier à sa douleur. Phinck et Gruggh, les deux ingénieurs, prétextant un départ pressé, comptent lui faire signer à l'aveuglette l'acte conventionnel. Mais aussitôt qu'Isidore se retrouve en présence des papiers, il reconquiert toute son énergie ; il remarque que ses associés l'ont voulu tromper ; il les accable d'injures : « Vous êtes des canailles !... Vous avez escompté ma faiblesse... vous avez spéculé sur ma douleur !... »

Puis il leur dicte une phrase « lui réservant expressément la direction financière et l'administration commerciale de l'entreprise. » Les ingénieurs ayant signé, il appose à son tour son paraphe sur la feuille et, la démarche alourdie, le visage décomposé, il se rend, en proie à une douleur délirante, auprès du corps de son fils.

Cette pièce est extrêmement bien composée ; sa facture en est impeccable ; le style en est puissant, incisif ; les caractères sont scrupuleusement analysés, celui de Lechat surtout est très bien observé. Et ce n'est pas trop dire que d'affirmer que *Les Affaires sont les Affaires* sont un des chefs-d'œuvre du théâtre contemporain.

M. Emile Fabre, avec ses *Ventres dorés*, nous fait assister à la ruine des petits actionnaires d'une banque par les grands metteurs en scène de celle-ci. Il y a énormément de vie dans cette comédie, où se meuvent non seulement quelques protagonistes plus ou moins importants, mais aussi la foule des petits, des humbles, la foule de ceux qui ont foi en les réclames scandaleuses de leurs dupeurs.

M. Capus est d'une philosophie souriante ; nous avions déjà pu nous en apercevoir dans la *Veine* et la *Châtelaine;* nous en avons une nouvelle preuve en *Monsieur Piégois*. Il ne faut pas prendre les choses de la vie au tragique, s'efforce de nous prêcher M. Capus et, en nous montrant son héros après maints avatars, après même des spéculations plutôt louches, redevenir l'enfant gâté d'une société bonne mère au fond. La comédie de M. Capus est fine, faite d'une ironie qui plaît au goût, ses personnages sont en général bien campés, bien qu'il s'en trouve parfois de falots. Nous ne saurions qu'admirer l'indulgence de l'auteur envers les personnages créés par lui et de notre côté y ajouter aussi un peu de cette indulgence lénifiente.

B. — Le prolétariat. La lutte de classe.

Pièces	Auteurs	Dates.
L'Automne . .	P. Adam et G. Mourey.	1894
La Pâque socialiste	E. Veyrin.	1894

Le Repas du Lion.	F. DE CUREL.	1897
Les Mauvais bergers	O. MIRBEAU.	1897
La Sape . . .	G. LENEVEU.	1899
Le Ressort . .	U. GOHIER.	1900
Mais quelqu'un troubla la fête.	L. MARSOLLEAU.	1900
La Clairière . .	DONNAY et DESCAVES.	1900
Responsabilités .	J. GRAVE.	1904

Ce n'est pas sans effroi que nous commençons l'étude de ce chapitre ; beaucoup d'auteurs se sont essayés à dépeindre la lutte de classe qui tend de plus en plus à remplacer la lutte de caste. Depuis 89, un grand changement s'est fait dans l'ordre social : la noblesse déchue de son ancienne puissance a fait place à la classe bourgeoise à côté de qui se dresse, de plus en plus menaçant, le *P*euple, le prolétariat. Tour à tour, M. *P*aul Adam, M. de Curel, M. O. Mirbeau ont voulu nous montrer celui-ci en lutte avec la classe supérieure. Dans le théâtre à thèse il faut faire deux parts : il est des pièces où nos dramaturges ont voulu symboliser les réclamations du prolétariat, d'autres auteurs l'ont montré directement en lutte. Nous commencerons par l'analyse de ces dernières pièces, au nombre de quatre : *L'Automne*, due à la plume de M. Paul Adam, *Le Repas du Lion*, comédie d'une valeur sans conteste, écrite par M. de Curel, les *Mauvais bergers* de M. Octave Mirbeau et le *Ressort* du polémiste révolutionnaire Urbain Gohier.

Dans *L'Automne*, M. Paul Adam met en présence
la foule des grévistes avec les soldats, représentants
de l'autorité. D'où collision. Le grand tort de cette
comédie est qu'au lieu d'une seule action il y en ait
deux. Il y a un drame passionnel qui se joue entre
M. de Mornaud, Mme de Hamden et l'abbé Sinésius.
S'il ne manque pas de fierté, d'élévation, il manque
à coup sûr de clarté ; ce qui cause d'ailleurs une
confusion d'autant plus pénible pour le drame social
qui se joue autour des protagonistes de la pièce.

Pour en venir directement aux œuvres fortes, aux
œuvres qui laisseront un nom, nous parlerons sans
transition du *Repas du Lion*.

M. de Curel, qui avait déjà donné au théâtre plusieurs pièces psychologiques: *L'Envers d'une sainte*,
La Figurante, *L'Invitée*, *L'Amour brode*, tenta
cette fois-ci d'aborder le théâtre social. Et tout comme dans ses *Fossiles* il avait mis en présence la
noblesse avec l'ordre nouveau, ainsi il s'essaya à
peindre la classe bourgeoise en lutte avec la classe
ouvrière. La pièce débute par la présentation d'une
famille de pauvres gens : les Charrier. Ils sont trois
frères.

L'un garde-forestier des habitants du manoir prochain, des de Sancy ; l'autre est un ouvrier passionné
pour les mots à grand éclat, un fervent socialiste. Le
troisième enfin est abbé : il représente la tendance
conservatrice des siens. Et autant le garde-chasse
et l'abbé aiment les Sancy, autant le socialiste les a
en horreur. Au deuxième acte, nous apprenons, ou
plutôt nous déduisons des faits qui nous sont pré-

sentés, que Jean de Sancy, le fils du comte, a commis un crime. Ennemi de l'introduction dans les domaines de son père d'une industrie nouvelle, il a nuitamment ouvert une écluse. Un ouvrier travaillant à une mine a été surpris par l'eau et s'est noyé. On apporte son cadavre sur la scène et Jean, attiré par une force invisible, parle ainsi d'une voix étouffée par les larmes et les sanglots :

« Je promets, devant ce cadavre, que je consacrerai ma vie aux ouvriers... Dès demain je quitterai Sancy ; j'irai travailler à devenir autre chose qu'un enfant faible et volontaire. Des hommes meurent pour nous, je veux me dévouer à eux !... »

Personne ne comprend le pourquoi de cette promesse, sauf peut-être l'abbé Charrier.

Voyons maintenant comment Jean de Sancy réussira dans son entreprise d'éducation sociale. Il est d'autant plus à même de mettre sa promesse en œuvre que celle-ci pourra s'appliquer sinon à ses propres ouvriers du moins à ceux de son beau-frère, Georges Boussard, très important métallurgiste. Jean a maintenant vingt-six ans. Il consacre son éloquence, sa vie entière à la cause ouvrière. Il donne conférences sur conférences où il appelle au secours du prolétariat l'aide de la religion. Applaudi des Cercles catholiques, il n'est pas loin d'être le chef bien en vue des « socialistes chrétiens ». Pourtant Jean n'est pas sans remarquer que son œuvre, jusqu'à ce jour n'a servi qu'à une seule personne : à lui. S'il a recueilli maints éloges, s'il est devenu l'orateur très écouté et très applaudi des gens bien pen-

sants, il est loin de voir ses efforts couronnés de
succès : le peuple a toujours faim, l'ouvrier n'est pas
encore à l'abri du besoin. Son beau-frère s'efforce de
lui prouver que la seule solution du problème social
ce sera aux capitalistes qu'on la devra. Lui au moins,
Georges Boussard, il fait vivre des hommes du produit de leur travail ; il leur prend la santé parfois, la
liberté le plus souvent, mais au moins il les fait
vivre. Jean de Sancy n'aurait pas de peine à répondre au verbe altier de Boussard s'il ne sentait pas
en lui-même que son beau-frère vient de réveiller en
son âme les ataviques idées de dominateur qui s'y
trouvaient enfermées.

Et si appelé à pérorer devant des ouvriers, des
vrais, et non plus devant un auditoire de gens du
monde, Jean de Sancy, avec une férocité de « fossile »,
ne craint pas de leur jeter à la face la parabole du
lion et des chacals, c'est qu'en réalité il n'a jamais
été autre chose qu'un âpre possesseur, qu'un égoïste
de la plus belle eau.

Il paiera de sa vie sa comparaison et tombera sous
la balle que lui enverra Charrier le socialiste, qui
mena la grève des ouvriers de Boussard : « Vous ra-
contiez votre histoire du lion croyant parler à des
chacals, lui dit-il, mais il y avait un homme parmi
eux. Il a fait ce que fait un homme quand on lui
montre le lion. Il saute sur son fusil et tire dessus[1]. »

La pièce de M. de Curel nous déconcerte ; de belle

---

[1] Repas du Lion. Acte V.

venue, nous aurions cru qu'elle aboutirait à une conclusion. La mort de Jean, après comme avant, laisse
subsister le problème. Qui trouvera la panacée? Est-
ce Georges Boussard qui est dans le vrai dans son
orgueil de possesseur ? Est-ce Jean de Sancy qui se
croyait appelé à une vocation d'apôtre et qui s'est
égaré en route ? Est-ce l'abbé Charrier en sa man-
suétude, en sa bonté toute faite de douceur ? Est-ce
enfin Robert Charrier en sa violence d'homme qui
peine et qui souffre pour le plus grand profit des
grands du monde ?

Les Mauvais Bergers de M. O. Mirbeau sont une
des comédies où est exposé le plus clairement le conflit du capital et du prolétariat. Une figure surtout
ressort avec éclat parmi le grand nombre de personnages de cette pièce : celle de Jean Roule.

Jean Roule est ouvrier ; il est prêt aux sacrifices
les plus grands : il a à cœur de se donner tout entier
à sa tâche de conducteur des foules. Sa haine contre
les riches est terrible, est féroce. Il leur en veut d'a-
voir fait mourir la mère de celle qu'il aime ; il leur
en veut d'avoir voûté le buste de sa Madeleine chérie,
il leur en veut pour toutes les misères sociales qu'ils
sèment sur leur route. Lui aussi il a souffert ; il a
longtemps trimardé par tout chemin, vagabondé sur
bien des routes. Un jour que « crevant de faim » il
dérobe un pain à la vitrine d'un boulanger, il a été
surpris et condamné.

Il possède un casier judiciaire qui partout le suivra et lui fermera toutes les portes. Ses désirs sont
immenses : « Je veux vivre, vivre dans ma chair,

dans mon cerveau, dans l'épanouissement de tous mes organes, de toutes mes facultés... Au lieu de rester la bête de somme qu'on fouaille, et la machine inconsciente qu'on fait tourner, pour les autres. — Je veux être un homme enfin... un homme pour moi-même ! » Jean Roule est partisan de l'action directe, il n'a pas confiance en l'intervention des députés de Paris, des « mauvais bergers », comme il les nomme. Il refuse les secours que les meneurs politiques de la grève lui veulent donner. Il conduit des milliers d'ouvriers à la lutte, à l'assaut du capital, mais il succombe sous les balles des soldats. Jean Roule meurt victime de son idéal ! Il laisse Madeleine qui pourra prêcher la bonne parole, Madeleine en qui un enfant de Jean demande à venir à la lumière. Mais non ! Madeleine meurt aussi et emporte avec elle l'espoir de la foule consternée, de la foule anonyme d'où un jour un autre Jean Roule sortira pour la mener à la révolution sociale.

Terminons cette étude sur *les Mauvais Bergers* par un mot de critique emprunté à M. Léopold Lacour :

« Ce titre (*Les Mauvais bergers*) était une injustice, car il n'y a pas de parti qui n'ait ses bons comme ses mauvais bergers, qui à côté de ses trafiquants, de ses tartufes, n'ait des chefs estimables, quelquefois admirables.

» *Les Mauvais bergers* sont une œuvre de foi libertaire, une tragédie anarchiste... Pourtant cette œuvre a sa justice. Aux ouvriers en grève n'est pas opposé un patron stupide, lâche ou féroce, mais un homme énergique tout ensemble et libéral, très intelligent.

» Ils ne m'ont demandé que des choses justes, après tout », dira Hargan au deuxième acte.

» Le dénouement (la mort de Jean Roule et du fils d'Hargan, partisan des ouvriers et chassé par son père, qui ne l'en aime pas moins), est admirable d'impartialité sinistre où l'œuvre se transfigure, achève plutôt de se transfigurer — où tout ce qu'elle renfermait de justice dans sa violence de foi révolutionnaire se dégage, où la grande égalitaire, la Mort, prouve effroyablement la misérable parenté de tous ces êtres humains qui vivants se peuvent regarder les uns les autres avec tant d'orgueil despotique ou de haineuse envie et se battre au seul profit bien net, pour le seul triomphe de cette Mort[1]. »

Dans la *Pâque socialiste* du délicat poète de *l'Embarquement pour Cythère*, Emile Veyrin, nous sommes en plein rêve ; ce ne sont plus les crudités de la réalité que nous avons sous les yeux, mais la rêverie utopique d'un assoiffé d'idéal. *La Pâque socialiste* comme l'a dit très bien M. Catulle Mendès « est surtout un exemple d'abnégation, de pitié, d'apaisement, de consolante espérance et de sublime foi ». C'est qu'en effet la plupart des personnages de cette pièce sont des modèles de vertu. Gilbert Lemonnier est le type du bon patron, Ardouin représente l'ouvrier content de son sort, Micheline enfin, nous apparaît comme l'incarnation même du

---

[1] Léopold Lacour, *Revue de Paris*.

bien. Tout au plus le mauvais patron figure-t-il aussi, en la personne de Rousselot, dans cette comédie. Il arrive que Gilbert sur les instances de Micheline ne veut pas faire chômer ses ouvriers, quitte à perdre une forte somme. Gilbert se ruine en effet ; failli, il ira en prison, le Code, sans pitié pour lui, l'y envoie. Il reste la part de Micheline ; elle sera le lot des ouvriers : elle le leur donne.

« Mes amis, mon frère est abreuvé de douleur, chargé de honte. C'est à nous de le rendre à la liberté... J'ai acheté l'usine. Je vous constitue un capital avec la fortune que je tiens de mon frère... Le capital aux travailleurs, c'est l'outil à la main. Vous vous trouverez affranchis du salariat... »

Le quatrième acte nous amène au « Repas symbolique ». La scène évoque l'image de la Pâque de Jésus. Les tisserands se groupent autour de la table symbolique. Micheline leur distribue le pain : comment régler la part de chacun et à qui en donner ? Elle demande si le vieillard et l'enfant, incapables de gagner leur vie seront aussi admis à la table. Et tous, d'un seul accord, crient : « Qu'ils mangent et qu'ils boivent ! » Et ainsi, tour à tour, seront encore admis une femme malade, un invalide qu'un accident estropia. Et Micheline alors dit aux tisserands assemblés de songer aux enfants, aux vieillards, aux malades et aux invalides dans la répartition de leur salaire. Et la foule est unanime à applaudir aux paroles de Micheline. *La Pâque socialiste* s'achève sur l'apothéose de Gilbert Lemonier revenu de prison et qui meurt aux pieds de la statue que ses ouvriers reconnaissants lui ont élevée.

Ô rêve de poète ! combien la réalité est plus cruelle ! *Poète*, poète, tu as compté sans la passion des hommes ! tu as oublié bien des motifs de haine, bien des raisons de dissentiments !

Ceux de la *Clairière* aussi étaient réunis pour former comme une grande famille, en dehors des luttes sociales et des ennuis d'argent. Mais bientôt ils durent déchanter et, l'un tirant à droite, l'autre à gauche, ils ont dû se séparer. Le rêve n'était pas encore réalisable.

M. Marsolleau dans *Mais quelqu'un troubla la fête*, M. Jean Grave dans *Responsabilités*, ont fait des œuvres de foi et de sincérité. Dans la première de ces deux pièces nous voyons le *P*euple attendre longtemps les réformes promises par la Société, puis ne les voyant jamais venir, ne faire qu'une bouchée de toutes les institutions sociales établies. M. Jean Grave, l'apôtre de l'anarchie, ne pose pas autrement la question ; il recherche les responsabilités des misères humaines et répond en accusant la société qu'il faut donc détruire.

C. — LE PAUPÉRISME ET LA LUTTE CONTRE L'ALCOOL.

Pièces.	Auteurs.	Dates.
L'Assommoir	E. ZOLA.	1879
Les Bienfaiteurs. . . .	E. BRIEUX.	1896
La Cage	L. DESCAVES.	1898

A dire vrai la société est bien mal faite ; il y a une quantité par trop grande de miséreux et le manque des institutions de solidarité sociale se fait par trop sentir. L'Etat ne s'immiscie que trop peu dans les œuvres d'assistance publique. La bienfaisance privée n'est trop souvent qu'une réclame autour d'un nom ou autour d'un parti.

C'est par manque de vivres, par suite d'une nécessité impérieuse que beaucoup trop de personnes tendent à s'échapper de leur « cage » par le moyen tout trouvé du suicide.

La comédie de M. Descaves qui porte ce titre est poignante en sa sombre haine de la société. Cette famille qui va mettre fin à ses jours parce qu'elle ne sait plus où trouver de quoi vivre et à qui il répugne de mendier, cette famille d'honorables bourgeois fait peine à voir.

Que peuvent contre une détresse pareille des œuvres de bienfaisance qui ne sont pas à la portée des affamés, parce qu'il faut remplir telle ou telle formalité pour obtenir un morceau de pain ou qui ne sont faites que pour la parade, pour le bon renom d'une personnalité. Brieux dans ses *Bienfaiteurs* a donné une satire très bien faite de ces soi-disant amis du genre humain qui ne voient dans l'aumône donnée que matière à être adulé des foules et louangé par le monde.

M. et Mme Landrecy ont recueilli une de leurs cousines Georgette qui, orpheline, est sans appui. Bien qu'heureux d'avoir accompli une bonne action ils en sont très fiers et en parlent à chaque instant. M. Landrecy, employé dans les bureaux d'une usine, a inventé en compagnie du fiancé de Georgette un accumulateur permettant le travail chez soi.

Il bâtit des châteaux en Espagne, est en plein dans les nuages. Ah! si seulement il avait la fortune, comme il ferait des heureux autour de lui. Madame fait les mêmes rêves. Et voici que la fortune leur arrive sous la forme de Valentin Salviat, beau-frère de Landrecy, qui généreusement met ses millions à la disposition de la famille. On ne revient pas de l'Amérique du Sud pour rien! Cette fois-ci le problème est posé.

Or il arrive que, devenu usinier lui-même, Landrecy comme les autres est dans l'impossibilité de payer les ouvriers plus grassement. Sa fortune ne lui a apporté que des soucis nouveaux : bientôt il ne pensera plus à solutionner la question du paupérisme et Mme Landrecy, qui de son côté a vu le néant des œuvres philanthropiques des dames du monde, est tout aussi découragée que son mari. Et la comédie s'achève par un appel non plus à la charité privée mais à la charité officielle. Il devrait exister une bienfaisance d'Etat! Idée précaire qui n'aura pas de suite très heureuse ; et pourtant il est déjà certains pays où la question du paupérisme est définitivement réglée par des lois. Il nous suffit de citer l'exemple le plus proche de nous, la Suisse, où nous voyons les indigents recueillis par leur famille ou par leur commune d'origine. En France, outre certaines institutions d'Etat telles que l'Assistance publique, les Enfants trouvés, sous peu une nouvelle loi sur les retraites donnera au pauvre de quoi terminer ses jours à l'abri de la faim.

Il serait donc pour le moins outré de dire avec Lucien Descaves : « On n'améliore pas la société, on la supprime. La société est un mensonge, le progrès social un leurre, le pacte social est rompu, il ne subsiste plus que l'individu, son tempérament, sa loi, sa conscience et sa volonté. »

Espérons que bientôt les Jean Guenille se feront de plus en plus rares et que les Crainquebille n'auront plus à comparaître en correctionnelle pour un délit purement imaginaire. Mais il faudrait pour cela que les hommes se corrigeassent de vices qui les rendent vils et les rapprochent des bêtes. Si l'alcoolisme, sortant de nos mœurs, allait disparaître, on pourrait alors entonner un hosannah de gloire en l'honneur de la perfectibilité de la race. Car l'alcoolisme est un véritable fléau. Dès 1879, avant même, Zola poussait un cri d'alarme qui ne fut, hélas ! pas entendu. Depuis lors de nombreuses sociétés se sont formées pour enrayer le mal, des ligues de tout parti, de toute classe, cherchent à enrôler sous leur bannière les malheureux soumis à l'action déprimante de l'alcool. Des congrès annuels constatent la bonne marche de la guérison sociale que se sont imposée les meneurs de cette active campagne. *P*our peu que l'Etat intervienne et par une loi sur les boissons alcooliques défende le trafic qui s'en fait, et bientôt nous n'aurons plus à déplorer le fléau social qui inspira à Zola son *Assommoir* et à Walter Biolley son *Araignée*.

———※———

CHAPITRE IV

Le monde politique sur la scène.

Pièces.	Auteurs.	Dates.
Rabagas	SARDOU.	1872
Daniel Rochat	SARDOU.	1880
Le Député Leveau . . .	J. LEMAITRE.	1890
La Crise	M. BONIFACE.	1893
Une journée parlementaire	M. BARRÈS.	1894
L'Engrenage	E. BRIEUX.	1894
La Fin d'un parti . . .	A. BONNINS.	1895
La Poigne	J. JULLIEN.	1900
La Vie publique	E. FABRE.	1901
Les Complaisances . . .	G. DEVORE.	1901
Clarisse Arbois	M. BONIFACE.	1903
Les Blackboulés	JEAN DRAULT.	1903

Du théâtre de la révolution sociale à venir, de la comédie des illusions utopiques mais généreuses, des Paul Adam, O. Mirbeau, Urbain Gohier, au théâtre politique de nos jours, il n'y a qu'un pas, aussi le franchirons-nous sans autre ; après avoir entrevu un avenir lourd de conséquences et gros de menaces, il nous est un jeu d'assister aux palinodies des hommes politiques, nos contemporains. Né d'hier, le théâtre politique n'en a pas moins donné déjà des œuvres de valeur ; à vrai dire nous n'avons pas encore la pièce type, celle qui dominerait les autres de toute la hauteur d'une facture parfaite et d'une donnée précise. Trop souvent, d'objective qu'elle devrait être, la comédie politique se trouve pleine d'insinuations, méritées peut-être, mais pour cela non moins odieuses, ou de portraits-charges dont il est facile de reconnaître le modèle.

Nous avons vu dans le *Fils de Giboyer*[1] la genèse de ce genre de pièces ; étudié en son heure nous n'y reviendrons plus. La première en date des pièces politiques contemporaines est due à Sardou et fut représentée en 1872. Nous avons nommé *Rabagas*. Point n'est besoin de nous arrêter longuement sur cette œuvre très faible d'un auteur fourvoyé. Sardou a voulu nous donner dans *Rabagas* « la caricature du démagogue, sans convictions, mais toujours prêt à faire parade de beaux principes quand son intérêt l'exige ; tout disposé, du reste, à se tourner vers le pouvoir qu'il combat avec violence dès qu'il voit un profit quelconque à son apostasie ». Que, tout de suite, il nous soit permis de faire remarquer qu'il n'y a aucunement réussi et que si sa pièce se rappelle

---

[1] E. Augier.

encore à notre mémoire, c'est moins par son importance littéraire qu'en raison du succès de scandale
auquel elle donna lieu.

Alors que la France venait de succomber dans
une guerre désastreuse, que par comble d'infortune
une lutte fratricide venait à peine de prendre fin, il
était plus que déplacé d'introduire sur la scène
les dissentiments politiques qui agitaient alors la
nation. Sardou ne sut pas le comprendre ; peut-être
en eut-il toutefois conscience lorsque la malice populaire chercha à identifier le personnage de Rabagas et que successivement elle nomma Emile
Ollivier et Gambetta. Entrée dans cette voie, la
pièce ne devait pas manquer de faire de l'argent et
d'avoir un succès en écus sonnants.

L'intrigue de *Rabagas* est banale pour ne pas dire
ennuyeuse. La jolie et accorte Américaine qu'est
miss Eva Blount, se promenant dans les jardins du
prince de Monaco, une de ses anciennes connaissances, est surprise par ce dernier. Après quelques
phrases courtoises et galantes, le prince en arrive
aux confidences. Il se plaint amèrement de son sort :
d'autorité il n'en a pas l'ombre, de pouvoir pas le
moindre ; le parti des mécontents, à la tête duquel
se trouve un avocat sans causes, « grand tarisseur
de chopes », Rabagas enfin, s'augmente de jour en
jour, et le pauvre prince va bientôt se voir réduit à
prendre la fuite, quitte à laisser les destinées du
pays aux mains des hôtes assidus du *Crapaud-Volant*. Sous ce nom est désignée l'auberge, lieu de réunion du groupe Rabagas.

Eva Blount propose au prince de s'attirer les bonnes grâces du chef de groupe, afin d'arrêter ainsi le mouvement révolutionnaire. Nommée dame d'honneur de la cour, elle va se rendre auprès du tribun, afin de négocier avec lui un marché plus que honteux.

L'acte second nous transporte au *Crapaud-Volant;* nous y voyons à notre aise défiler devant nos yeux « l'avocat sans causes et le médecin sans clients, l'auteur sifflé et le commis chassé, le fonctionnaire expulsé et l'officier cassé, des banqueroutiers, trois faillis, deux escrocs, un utopiste, sept imbéciles et huit ivrognes ». C'est ainsi que s'exprime le prince dans ses confidences à Eva Blount. Et peut-être aurions-nous pu croire le tableau chargé, mais introduits dans le cénacle, en même temps que la toute gracieuse Américaine, nos yeux se dessillent rapidement. Le prince, dans son amertume, ne s'était pas laissé aller à l'exagération, bien au contraire. Et nous sommes, le faut-il avouer, très affectés à la vue des Petrowlsky ou des Vuillard. Miss Eva, très habilement, chuchote à l'oreille de Rabagas l'admiration qu'éprouve à son endroit le prince de Monaco et la satisfaction sans égale qu'il aurait de savoir Rabagas du « parti des honnêtes gens ». Pas n'est besoin d'une grande insistance pour que notre avocat accepte une invitation à la cour.

Ensuite d'un nouvel entretien avec miss Eva Blount, grisé d'arriver au pouvoir, Rabagas accepte avec un empressement non dissimulé le titre de gé-

néral de Monaco, que lui confère le prince. Sa joie
débordante fait peine à voir :

« Enfin, j'y suis... ministre, mon petit Rabagas,
ministre ! Grand Dieu ! être aussi de la fête, et ne
plus la regarder, avec la foule, par le trou de la ser-
rure. »

Cependant au dehors l'émeute, préparée par lui
contre le prince, gronde et se fait menaçante. Rabagas pense que sa seule apparition sur le balcon
suffira à l'apaiser et il s'y montre. Des sifflets et
des huées l'accueillent ; il en devient furieux et com-
mande à la troupe de charger... Et des victimes tombent dans la nuit, tandis qu'au loin dans le crépi-
tement de la fusillade s'entendent les clameurs des
blessés. De temps à autre, un « A bas Rabagas ! »
déchire l'air, alors que le prince s'incline devant
Eva et la traite de « grand diplomate ».

Logiquement, comme l'a fait d'ailleurs remarquer
M. H. Rebell dans une étude consacrée à M. Sardou, la pièce devrait se terminer ici. Mais il n'en est
pas ainsi et l'auteur tient à nous montrer Rabagas
chassé par le prince, honni par ses compagnons de
la veille « s'en aller en France, le seul pays où
l'on apprécie les gens de sa trempe ».

Que dire de la pièce en elle-même ? De la comédie
sociale qu'elle croyait être, elle n'a ni la facture, ni
la gravité, ni même le style : il n'est point vraiment
question de réformes ou de principes dans tout le
corps de l'ouvrage. Elle n'est pas davantage une
comédie de caractère et l'on a peine à comprendre
qu'un critique ait osé qualifier cette pièce « d'excel-

lente, celle de toutes les œuvres de Sardou qui se
rapproche le plus de notre ancien théâtre de la comédie de caractère [1] ». Mais j'y songe ; cette louange
n'est-elle pas plutôt une raillerie très fine à l'égard
des autres pièces du même auteur ? Quoi qu'il en soit,
un peu plus loin, le même critique se voit dans
l'obligation de dire en parlant de *Rabagas* : « Peut-
être la souhaiterait-on (cette pièce) plus vaste, plus
complexe, moins poussée à la caricature [2]. »

Je cherche en vain ce qui pourrait faire de *Rabagas* une comédie de caractère ; pas un brin de
psychologie dans ce fatras de mots et d'actes inco-
hérents. Impossible en effet de comprendre les agissements de Rabagas, qui, certain que la révolution
préparée par lui l'élèvera au pinacle, accepte d'être
aux gages du prince, de devenir un de ses sous-
ordres. Je ne résiste pas au plaisir de citer une page
de l'excellent critique H. *Parigot* :

« Rabagas est dessiné de la même main. Je cherche dans cette caricature un trait de vérité plus profonde et mesurée, qui entame l'épiderme, qui pénètre un peu plus avant que le tour du visage,
l'épaisseur de l'encolure et le flux méridional du
verbe. De la verve, de l'esprit, des répliques drôles,
de piquantes définitions de l'émeute, des aphorismes
réjouissants, les lieux communs de l'opposition ra-
jeunie par une fantaisie qui s'ébat ; et aussi des procédés scéniques, empruntés au bon et rudimentaire
théâtre Guignol, l'autorité bafouée, la police rouée

---

[1] Hugues Rebell : *Sardou.* — [2] Ibid.

de coups; et de l'éloquence et des plaidoyers à l'ave-
nant, et de la charge désopilante, si elle était sans
prétention : tout cela y foisonne à plaisir... Il fallait
la passion du moment avivée des inquiétudes de
l'avenir pour s'émouvoir de cet élémentaire vaudeville. Cela n'est pas sérieux. Et tant mieux [1]. »

Un dernier mot pour en finir avec Rabagas; il
nous reste à faire ressortir la grande partialité de
cette comédie : tout ce qui touche aux « nouvelles
couches » est impitoyablement foulé aux pieds par
un auteur de parti pris. Rabagas, le prototype des
républicains de 1872, nous est donné comme un démagogue sans foi, ni loi. A ses côtés nous trouvons
un Pétrowlski, fantoche jaloux des beaux uniformes
que portent les officiers de la cour, ou encore un
Vuillard qui joue à l'homme austère, « bien qu'il
entretienne une petite femme d'appétits assez déve-
loppés [2] ». Au contraire le prince de Monaco se présente à nous comme un philanthrope, consciencieux
de ses devoirs de monarque, et qui a l'esprit plein
de réformes destinées au bonheur de son peuple. Il
est vrai qu'une certaine veulerie de caractère atténue
quelque peu ces belles qualités.

Telle est cette comédie qui eut son jour de triomphe, mais qui en somme n'est qu'une « pochade »,
une bouffonnerie tendancieuse, et rien de plus.

Elle fut la première pièce politique de M. Sardou;
que ne fut-elle la dernière ! Mais huit ans plus tard
devait paraître, représentée sur la scène du Théâtre-

[1] H. Parigot, *Le théâtre d'hier.* — [2] *Rabagas.*

Français, *Daniel Rochat*, comédié en cinq actes, à portée plus haute, où seraient synthétisés les rapports existant entre les convictions religieuses d'un chef de parti et ses idées politiques.

Oh ! la pauvre comédie que *Daniel Rochat* ! Si, à l'audition de *Rabagas*, on pouvait trouver quelque attrait, il fut loin d'en être de même pour cette deuxième incursion de M. Sardou dans le domaine du théâtre politique. Dans *Rabagas*, l'auteur nous avait dépeint ou tout au moins cru dépeindre le politicien arriviste, sans scrupules, sans morale ; dans *Daniel Rochat*, il tend à nous montrer la mentalité du politicien arrivé, à qui la fortune a souri et qui se voit à la veille d'être porté au pinacle par la foule enthousiaste de ses admirateurs. Daniel Rochat est pour M. Sardou l'entité des « nouvelles couches », qui, positivistes, nient Dieu, abominent la religion et en veulent à mort aux prêtres. Il s'agit pour le dramaturge de mettre en contradiction en un homme tel que Daniel Rochat ses concepts politiques, son système de philosophie avec ses passions. Le problème était tentant, mais il eût fallu pour le résoudre « une autre poigne que la sienne », comme s'exprime Zola sur le compte de l'auteur de *Nos bons villageois*. Il le faut avouer, M. Sardou fut très inférieur à sa tâche, et si *Daniel Rochat* est une œuvre hésitante, cahotée et d'une facture plus qu'imparfaite, la faute en est pour beaucoup à la manière risible avec laquelle l'auteur traita son sujet.

Daniel Rochat, grand meneur d'hommes et chef influent de parti, au cours d'une excursion qu'il fait

en Suisse, fait connaissance avec une jeune miss
anglaise répondant au nom de Léa Henderson. Il
s'en éprend aussitôt :

« Un matin, j'allais de Littau à Lucerne... Je sui-
vais un sentier au hasard, fredonnant comme un
écolier en vacances, quand je m'arrête tout à coup
devant le plus joli tableau ! Un ruisseau grossi par
la fonte des neiges, coupait le chemin où m'avaient
précédé deux voyageuses, deux jeunes filles... Je
m'amuse un peu à les regarder... puis les voyant
soulever une pierre trop lourde pour leurs petites
mains, je m'avance et réclame ce gros travail qui
me revient de droit... Le soir même, j'apprends par
le registre de l'hôtel que mes deux voyageuses sont
deux misses anglaises ou américaines !... Le lende-
main, je les retrouve sur le bateau de Lucerne, je
me présente sous mon nom d'emprunt. Elles vont
au Righi ; j'y vais aussi ; puis c'est la Chapelle, Al-
torf, etc. ¹... »

Voilà notre grand homme amoureux et ce qui est
pis, « il se sait, il se sent aimé », sous son nom
d'emprunt, hélas ! Il n'a pas osé jusqu'à ce jour
avouer son identité :

« Rompre l'incognito dont je me trouve si bien,
gâter mon petit roman, réveiller la politique qui
sommeille ! Et si elles étaient d'un autre camp que
le mien ? si mon vrai nom leur faisait peur ? »

Cependant il est grand temps de se faire connaître,
aussi Daniel Rochat compte-t-il le faire en inaugu-

---

¹ *Daniel Rochat*, Acte I.

rant, à Ferney, une statue de Voltaire. Il entend émettre une véritable profession de foi, et, si miss Léa conserve après comme avant son affection, c'est qu'à n'en point douter elle professe les mêmes conceptions politiques et religieuses que lui et qu'elle peut, partant, devenir sa compagne.

La conférence terminée, plein d'une angoisse fébrile, il attend le jugement que portera Léa sur lui. Cette dernière est enthousiasmée et le laisse entendre ; aussitôt Daniel de lui demander sa main. Ce premier acte est assez vif, assez mouvementé, on y respire beaucoup de vie, un commencement d'émotion nous prend même à la gorge ; mais il est suivi de quatre autres, longs, insipides et ennuyeux au possible.

Le mariage civil va avoir lieu, mais auparavant il nous faut assister à une discussion politico-religieuse du plus haut intérêt pour les protagonistes de la pièce. (*Pas* pour nous, hélas !) Daniel Rochat parle de ses deux sœurs « très attachées aux idées du passé et d'une dévotion... » Et la tante de Léa, Mrs Powers, de s'exclamer : « Quelle idôlatrie ! » puis de conseiller à son futur neveu de ne faire aucune concession. D'après elle, il ne faut « ni église, ni prêtre ». C'est là le grand mot, le ressort de cette comédie à visée philosophique.

Le tribun, heureux de voir Léa et ses proches entrer dans ses vues, avance la date de son mariage,... et voilà que, quelques minutes plus tard, il consent, suivant la formule d'usage, « à prendre pour épouse Mlle Sarah-Léa Henderson », et voit ses vœux comblés lorsqu'il entend sa fiancée proférer elle aussi les paroles d'un engagement irrémédiable. Mais, à l'instant même, voilà qu'apparaît le Rév. M. Clarke, que Léa présente à son mari en ces termes : « C'est notre pasteur !... celui qui nous mariera tantôt !...» Dès maintenant le quiproquo est établi et va traîner durant trois actes entiers. Le spectateur se devra poser la question de savoir si Daniel acceptera ou refusera la célébration de son mariage par le pasteur. Nous avons dit quiproquo, le terme est exact. Si dans la scène préparatoire du mariage, soit Léa, soit Mrs Povers, eussent parlé sans mots couverts, elles n'auraient pas manqué de faire remarquer à Daniel combien leurs conceptions différaient des siennes. Elles se retranchent derrière les mots : « Pas d'église, pas de prêtre », auxquels elles donnent un sens logiquement erroné en les appropriant au seul culte catholique. En s'exprimant ainsi, elles ne croient nullement exclure un mariage religieux, lequel mariage serait célébré non à l'église, mais au « temple », non par un prêtre, mais par un « pasteur ».

Que M. Sardou a été ingénieux d'inventer cette équivoque et de baser sur elle toute sa comédie ! Si encore au point de vue purement lexicologique sa donnée était juste, mais il est loin d'en être ainsi. Le mot « prêtre » n'a-t-il pas un sens générique et ne s'applique-t-il pas aussi bien à un desservant du culte protestant, que du culte catholique ou israélite, par exemple ? Jamais, à notre sens, « prêtre », ne deviendra synonyme de l'unique mot « curé », mais

doit se rapporter tout aussi bien à «pasteur» ou «rab-
bin» ou «brahmane». Et lorsque Léa s'engage à se
passer d'un prêtre, ce n'est pas au seul prêtre catholique qu'elle fait allusion, mais bien à toute personne
revêtue d'une fonction religieuse, à quelque confession qu'elle appartienne.

Reste l'équivoque de temple et église et ici nous
laisserons la parole à M. J.-J. Weiss qui devait d'une
chiquenaude renverser l'édifice bâti à grand'peine
par M. Sardou :

« Il faut remarquer, dit-il, que le quiproquo
d'église et de temple n'est pas plus possible gram-
maticalement qu'il ne l'est moralement. M. Sardou
suppose que Daniel Rochat, avant le mariage, ayant
dit : « Nous n'irons pas à l'église », Léa a pu et a
dû croire que la question du mariage devant le pasteur restait intacte, parce que les lieux de culte chez
les protestants s'appellent des temples et non des
églises. Chez les protestants français, oui ; mais pas
chez les protestants américains ou anglais ; ceux-ci
disent « church » ; et, quand ils parlent français, ils
ne disent pas comme leurs coreligionnaires du pays
de France : « Je vais au temple », ils disent : « Je
vais à l'église [1]. »

Par conséquent l'enfantine et puérile objection de
Léa : « Mais le temple !... ce n'est pas l'église !... »
tombe d'elle-même et il est donc impossible à miss
Henderson de n'avoir pas voulu tromper son fiancé ;
dès lors nous ne prenons plus aucun plaisir à sui-

---

[1] J.-J. Weiss, *Le théâtre et les mœurs.*

vre les différentes péripéties de la pièce et nous ne
sommes vraiment satisfaits que, lorsqu'au dernier
acte, nous assistons à l'acte libérateur qui délivrera
Daniel des rêts de « cette Célimène de l'Armée du
Salut », comme a pu qualifier avec justesse un critique la personnalité ambiguë de Léa. Nous n'appor-
tons plus aucun intérêt aux démarches qu'à maintes
reprises Daniel fait auprès de sa femme pour l'amener à la convaincre, et lorsque, nouveau Tantale, à
quelques pas du trésor convoité, il se laisse aller à
dire : « Si j'y allais à ce temple, en plein jour...
comme vous le désirez ? » nous n'éprouvons à son
encontre aucune animosité de ce qu'il abjure pour
cette Dalila moderne son passé de libre-penseur
et d'homme politique.

La comédie de M. Sardou manque de force ; elle
manque aussi de sérieux et si grande que fût la prétention de l'auteur de faire œuvre marquante, il ne
réussit qu'à tomber dans le vaudeville. Car comment
peut-on prendre au sérieux un mariage improvisé
comme celui de Daniel et Léa. Sans se connaître autrement que par les banalités d'un voyage fait en commun ou par des déclarations d'amour qui toujours
sont les mêmes, voilà deux personnes qui vont unir
leurs existences sans s'être un instant douté qu'elles
sont de caractères dissemblants et d'idées contraires.
Et bien que Léa soit de nationalité anglaise, il nous
est impossible de comprendre un mariage aussi pré-
cipité, un vrai mariage « à l'américaine » ; que Daniel Rochat ait pu s'éprendre d'elle et réciproque-
ment il est fort possible, mais ce qui l'est beaucoup

moins, c'est que, sans transition aucune, sans même s'être enquis des conceptions politiques de Léa, un homme dans la force de l'âge et en possession de toute sa maîtrise, tel Daniel Rochat, ait pu un seul instant se laisser prendre au piège d'une Mrs Powers, cette incarnation du prosélytisme en matière de théologie anglicane. Le caractère de Daniel Rochat n'est pas plus heureux que ne l'avait été celui de Rabagas ; loin d'être « ferme comme un rocher » comme l'a osé dire un critique[1], il est un fantoche, sans volonté et sans instruction vraie et dont l'anticléricalisme n'est fait que de coupures de journaux. Peu s'en faut que Daniel ne soit un nouveau Bidache et en plus d'un endroit son aventure nous rappelle les infortunes de son sous-ordre, dont la femme se rend à la messe autant qu'il lui plaît, dont la fille, malgré ses vains discours, fait sa première communion, etc... alors que Bidache mange du curé avec un appétit glouton.

D'autre part le personnage de Desgenais qui tendait à disparaître du théâtre, se retrouve dans cette pièce, incolore et banal, sous la figure d'un M. Fargis, un voltairien désabusé, tombé maintenant dans le modérantisme avant qu'il ne devienne lui-même un clérical de la plus belle eau. Et certes Bidache n'a pas complètement tort lorsque, parlant du dit Fargis, il dit quelque part : « Mais il exhale comme une vague odeur de sacristie ! »

Et pourtant on ne peut s'empêcher d'éprouver un

---

[1] H. Rebell, *Sardou.*

sentiment de tristesse devant cette œuvre tombée. La donnée initiale était belle, dramatique : c'était la lutte entre deux écoles philosophiques, l'éternel dilemme entre la matière et l'esprit, l'athéisme et la foi. Le champ de la lutte était le mariage ; d'une part le fiancé libre-penseur, d'autre part la femme croyante. Qui des deux l'emportera ? Et c'eût été d'un intérêt puissant que d'assister à ce combat pour le bonheur, à ce duel entre deux êtres qui s'aiment mais qui diffèrent d'opinion religieuse. Mais au lieu de poser franchement le problème, au lieu de mettre sur la scène, non des inconnus de la veille, mais deux personnes qui s'aiment depuis longtemps et s'apprécient, M. Sardou tourne court et se souvenant des trucs de théâtre qui abondent dans son esprit, il invente l'amusant (et stupéfiant) distinguo du temple et de l'église. Ah ! certes M. Sardou méritait la sévérité dont la critique usa à son égard et Zola a pu dire, à juste titre, de *Daniel Rochat* :

« On voudrait des personnages vivants et l'on se fâche contre les marionnettes qui gambadent sur les planches. Léa encore est d'un bon poncif ; elle est simplement têtue, ce qui la rendait facile à peindre ; ajoutez des phrases toutes faites, de la poésie courante, une affirmation du bon Dieu en style de catéchisme. Mais Daniel, quelle pauvre figure ! et mal dessinée. C'est que Daniel est très complexe, tel que M. Sardou l'a compris : cet honnête homme qui reste l'homme de sa situation politique, cet amoureux combattu par sa raison, si loyal et si lâche, puis si ferme à la fin, demandait une main singulièrement puissante pour être mis dans sa vérité. Or, M. Sardou n'est pas puissant... Sa comédie nouvelle est plate, on y sent un esprit vulgaire qui se guinde pour se hausser à la grandeur. Et cela est d'autant plus sensible que le développement des actes a plus de largeur. Il n'y a là dedans pas un cri humain, pas un souffle qui nous emporte au cœur même de la terrible question qui se débat. Tout se traite en conversations interminables [1]... »

Et vraiment il faut être d'une tolérance particulière pour écrire avec M. Hugues Rebell, l'auteur d'un ouvrage de plus de 300 pages sur Victorien Sardou, que « si *Daniel Rochat* est un peu monotone au théâtre, cette pièce est d'un haut intérêt à la lecture. C'est un beau dialogue philosophique ».

Il nous faut maintenant différencier les diverses pièces de théâtre qui eurent pour objet l'étude du monde politique et parurent sur la scène après *Daniel Rochat*. Il y en eut de deux ou trois genres ; les unes disséquèrent le milieu dans lequel vivait l'homme politique et les tares de ce monde spécial ; citons parmi celles-ci *La Crise* de Maurice Boniface, *Les Complaisances* de Gaston Devore, *Clarisse Arbois* de M. Boniface ; d'autres déchiquetèrent à belles dents le parlementaire qui, soumis à des ambiances néfastes, devient criminel, qui peu à peu se fait un jeu de la morale et finit sa vie dans la honte et le vice ; *Le Député Leveau* [2], *Une*

---

[1] E. Zola, *Nos auteurs dramatiques*.
[2] J. Lemaître.

Journée parlementaire[1], *L'Engrenage*[2] figurent dans cette catégorie.

Enfin il se trouva d'autres auteurs qui, non contents d'en rester à l'étude du monde politique et du politicien, voulurent nous donner la peinture des partis politiques dans leurs luttes électorales ou dans leurs conceptions politiques. *La Fin d'un parti* de A. Bonnins, *La Vie publique* d'E. Fabre et les *Mauvais Bergers* d'Octave Mirbeau, sont les seules pièces, à notre connaissance, rentrant dans cette dernière série.

La Crise fut représentée pour la première fois au mois d'avril 1893 ; son auteur, qui depuis s'est fait un nom dans le monde des théâtres, Maurice Boniface, y attaquait avec finesse les travers et les tares inhérents au système parlementaire.

Le premier acte nous introduit dans le ménage Bernier ; le beau-père du député influent Hector Bernier nous apprend qu'une crise ministérielle vient de surgir et que son gendre a bien des chances de décrocher le portefeuille. Mais il s'agit de rédiger pour un journal du matin une notice biographique du futur ministre ; son secrétaire Pierron s'en charge et la rédaction de cette note est des plus comiques. Puis arrive l' « alter ego » de notre grand homme, son ami Larizelle, qui lui apprend que Lamboulès chargé de former un ministère fera sans nul doute appel à eux deux. Mais certainement ils ne se conten-

[1] M. Barrès.
[2] E. Brieux.

teront ni l'un ni l'autre « d'une responsabilité inférieure, le Commerce, les Beaux-Arts » ; accepter ces fonctions-là serait à leurs yeux déchoir et ils ambitionnent pour le moins l'Intérieur, la Justice ou les Finances. Et déjà ils en sont à se gausser de leur jeunesse difficile, des idées téméraires qu'en ces temps lointains ils émettaient : « Hein ! les gobions-nous assez, les principes, à vingt ans ? » Puis Bernier sorti, nous apprenons que sa femme, Angèle, est la maîtresse de Larizelle. A la suite d'un incident quelconque, Bernier entre aussi dans la confidence et effaré, dégoûté, il s'écrie : « Je ne peux plus être ministre ! »

En fureur, il se met à maltraiter Larizelle comme déjà il s'était moqué de Lamboulès ; écoutez-le plutôt et vous verrez de quelle force sè trouve être celui qui en qualité de ministre des Finances allait gérer le patrimoine national :

« Ce n'est pas un médiocre, Larizelle ?... Où l'aurait-il apprise, l'économie politique ?... A jouer aux dominos chez Grüber ?... Nous le poussions tout de même, parbleu ! Il avait l'air si dévoué !... On se disait : « Au moins, celui-là, s'il n'est pas fort... » Ah ! Ah !... Un chenapan à qui je racontais tout, mes petites histoires intimes ! Tout à l'heure encore, tenez, à cette place, il me parlait de ses préférences par rapport aux ministères... Ah ! je t'en flanquerai des Finances ! »

Il lui reste maintenant à attendre sa femme, mais entre temps il laisse tomber sa colère sur Pierron, son futur beau-frère, sur Thibourdiaux son beau-

père, sur un journaliste venu pour l'interviewer ;
arrive enfin Angèle, il va l'agonir d'injures, lui demander de se disculper, mais le voilà demandé par
Lamboulès ; il sort. Il s'attendait à recevoir la Justice... et on lui offre les Postes ! « O désespoir, ô
rage ! » Bernier (Hector) impute sa déveine à sa
femme qui sans aucun doute lui aura nui de par ses
extravagances ; il ne lui reste plus qu'à divorcer,
aussi se prend-il de querelle avec Thibourdiaux, va
lui sauter à la gorge, lorsque heureusement un valet
annonce : « Messieurs les délégués industriels du
Nord ! » Aussitôt changement à vue : Entrent huit
messieurs âgés et décorés, le chapeau à la main,
souriants... Bernier et Thibourdiaux essaient de reprendre une contenance et se confondent en saluta-
tions.

Au début du troisième acte, nous apprenons par
Larizelle que Lamboulès a décliné la mission de
former un cabinet, puis a lieu l'explication entre les
deux ministrables. Elle est d'un haut comique : com-
mencée sur un ton comminatoire, elle se termine par
des pleurs et des sanglots. Mais ce que Bernier reproche surtout à son ami, c'est d'avoir fait de lui la
risée de tout le monde et lorsqu'il apprend qu'il n'en
est rien, que seuls les familiers connaissent les fras-
ques d'Angèle, il est bien près de pardonner. Et puis
Larizelle a de si beaux atouts dans son jeu, lorsque
s'adressant à Bernier il lui dit : « Pense au scandale
dans le pays, à l'extérieur ! Qu'est-ce qu'en dira
l'Angleterre ! » En somme tout s'arrange, car à l'instant un message de l'Elysée vient offrir à Bernier la

*P*résidence du Conseil, d'où l'amusant jeu de scène suivant :

Thibourdiaux (à Bernier) : Faut-il continuer nos malles ?

Bernier, *furieusement :* Parfaitement. Madame va repartir avec vous pour Roubaix. Nous nous séparerons à l'amiable.

Angèle, *révoltée :* Et je serai sacrifiée, moi qui vous ai aidé à en arriver là ! Ah ! non par exemple !... (haussant les épaules). Au point de vue de la médisance, du reste, ça reviendrait au même... (Résolument) Je reste ou je divorce ! Pas de demi-mesures !

Bernier : Eh bien ! je divorce !

Larizelle : Etant *P*résident du Conseil ! Ce scandale-là ! Tu es fou !

Bernier ! Alors je refuse la mission. Elle me reviendra plus tard.

Larizelle, *pressant :* Mais jamais une occasion pareille, enfin ! Nous sommes à la fin de la législature. C'est toi qui feras les élections !...

Angèle : Si vous refusez parce que vous plaidez en divorce, on suivra notre procès avec plus d'attention que jamais !

Thibourdiaux : Vous vous rendez ridicule !

Angèle : Vous vous coulez pour toujours !...

Larizelle : Ce n'est jamais moi qui te créerai des

ennuis... Tu me donneras ce que tu voudras... l'Agriculture...

PIERRON (paraissant au fond) : Mille pardons, cher maître... Mais le capitaine attend.

(Geneviève paraît aussi à droite et s'arrête en regardant Bernier, anxieuse.)

THIBOURDIAUX (à Bernier) : Allons !.. Vous êtes dans l'alternative !... Refuser le pouvoir, ou garder tout ça entre nous !

BERNIER, *lui lançant un regard terrible* : Ce que je vous méprise tous !

THIBOURDIAUX : Mais enfin, vous acceptez, voyons !

BERNIER, avec hauteur : Pour mon pays !

(Il redresse d'un coup de main ses cheveux et le nœud de sa cravate devant la glace, prend son chapeau et se dirige vers le fond... Pierron court se jeter dans les bras de Geneviève.)

Telle est cette comédie, légère de forme, mais qui néanmoins stigmatise avec force les turpitudes d'un Bernier ou d'un Larizelle. Et dire que des gens pareils, paillards et d'une probité douteuse, vont régir les destinées d'un pays !

Mais ce monde politique est-il réellement ainsi et peut-on croire un autre politicien qui s'exprime en ces termes sur son propre compte :

« Ma vie s'est dépensée en habiletés et en intrigues. Ne pas me faire d'ennemis, tourner les difficultés, prendre le vent, obéir à la poussée de l'opi-

nion, voilà quelle était toute ma politique ! Au lieu
de s'attaquer avec une haute et ferme conscience,
aux problèmes sociaux, mon effort s'est borné à
trouver de jolies formules, solutions apparentes, laissant les questions entières pour les conflits futurs[1]. »

Et cependant celui qui prononce ces paroles de
découragement est un homme de haute valeur morale, d'une grande puissance de volonté. Il nous est
d'ailleurs représenté comme étant le modèle même
de l'homme politique probe, désintéressé ; tout au
plus se voit-il parfois obligé de faire certaines con-
cessions et de vivre dans un milieu fait de « complaisances », de platitudes, comme s'exprime à leur égard
un professeur de philosophie de province, du nom
de Kergès, à l'abord rude mais au cœur bon et vaillant.

Ainsi notre honorable député, Nartol, a apostillé
la demande d'un certain Rispail et lui a procuré un
emploi dans l'administration ; à l'instant Nartol vient
d'apprendre que son protégé est sous le coup d'un
mandat d'arrêt, étant impliqué dans une affaire d'es-
croquerie. D'autre part, Kergès vient le prier de
prendre la parole, dans une interpellation qui doit
avoir lieu incessamment, en faveur d'un professeur
de médecine, de ses amis, révoqué sans raison par
arrêté d'un préfet. Nartol promet ; et lorsque arrive
son collègue Viterbe, l'interpellateur, il fait tous ses
efforts et mille promesses pour obtenir de lui qu'il ne
souffle mot de l'affaire Rispail ; il en vient même à

[1] G. Devore : *Les Complaisances.*

engager la main de sa belle-sœur qui est désirée par Viterbe.

Nartol se rend chez le ministre, il en revient radieux. En récompense de différents services rendus au ministère, il va obtenir un poste d'ambassadeur. Kergès, lui, est moins content lorsqu'il apprend que Nartol se résout à laisser le gouvernement arranger à sa guise l'affaire du médecin de Montpellier. A-t-on idée, demande Nartol à Kergès, « d'interpeller un ministère qui nous nomme ambassadeur ? »

Kergès se rabat alors sur Viterbe et lui transmet son dossier. Le fougueux député qui a appris que Nartol s'est joué de lui est tout heureux de lui chercher noise en greffant sur la question du médecin, l'affaire Rispail.

La séance a eu lieu et Nartol de la conter à Kergès :

« Il (le ministère) a triomphé, mais par deux voix de majorité seulement. Il est donc possible qu'il démissionne... Il faut te dire que Viterbe a eu l'idée ingénieuse de coudre l'histoire de son honnête homme persécuté à celle de ce diable de Rispail, — tu sais l'escroc sur lequel s'était égarée ma protection — et qu'il a tiré des effets superbes de ce contraste opportun : les faveurs allant aux fripons et l'opprobre aux braves gens. »

Mais si un instant votre enthousiasme était tenté de se porter à ce Viterbe, défenseur d'un cause juste, il vous faut rapidement convenir de notre erreur. Ecoutons plutôt Nartol :

« Mais au nom de quoi parlait-il (Viterbe) avec

cette impétuosité ? L'amour du pays animait-il son éloquence ? Etait-ce la haute pitié du chirurgien qui met le fer rouge dans la plaie ?... Mais un Viterbe ! Cela sue la haine, la mauvaise ambition ! Il aime, avant tout, faire un discours sonore, violenter ceux qui l'écoutent, se griser de ses paroles ! C'est une force déchaînée qui manque de cran d'arrêt... etc. »

Le ministère a démissionné ; Nartol y perd sa place d'ambassadeur, mais comme fiche de consolation reçoit une lettre de l'Elysée lui offrant de constituer un cabinet. Et Nartol se met à sangloter, car il n'y a qu'un instant que sa femme vient de prononcer d'irréparables paroles : elle a honte « des hypocrisies mondaines ». Le masque des complaisances l'étouffe ; et si elle n'en veut pas d'une manière directe à son mari, tout au moins lui reproche-t-elle « les obligations du monde qui est le leur, du monde où l'on ne peut jamais se livrer aux élans de sa nature, où l'on est obligé de vivre avec des réticences, avec des contraintes, avec des secrets ».

Ce qu'il y a au fond de vrai dans ces plaintes, c'est le renouveau d'amour qu'elle se sent pour son ancien compagnon d'enfance, pour Kergès, l'homme probe, qui prône la vérité et qui, nouvel Alceste, « prétend que le premier devoir, le devoir strict et impérieux, c'est de ne jamais, jamais mentir, sous quelque prétexte que ce soit ».

Il reste à dénouer l'intrigue. Viterbe invité à une soirée donnée par Nartol se prend de querelle avec lui ; c'est qu'aussi Viterbe nous apparaît à chaque instant plus odieux et plus vil. Nartol exaspéré, brisé par l'émotion que lui a causé l'aveu de sa femme, retrouve pour un moment son énergie d'antan et admoneste son collègue de la sorte : « Vous n'êtes qu'un passionné prêt à tout sacrifier à sa passion, et qui ne respecte rien ! Aujourd'hui, à la Chambre, vous avez mis toute votre ardeur à renverser un ministère par rancune envers moi ! Tout à l'heure vous parliez tranquillement de provoquer une grande guerre !... La vérité dans vos mains n'est qu'une arme avec laquelle vous tentez d'assassiner les gens !... Toutes vos actions et vos paroles ne sont le fait ni d'un homme consciencieux, ni d'un patriote, ni même d'un galant homme ! »

Un duel entre ces deux hommes devient inévitable ; Nartol se fera tuer ; Kergès pourra épouser Jeanne... mais il serait cruel de faire de Nartol la victime expiatoire des autres et de son milieu, et l'auteur l'a bien compris. Kergès s'entremet entre les deux adversaires, Viterbe revenu à de meilleurs sentiments s'explique longuement et réprouve lui-même ses emportements. Nul doute qu'il ne devienne un jour le beau-frère de Nartol qui d'ailleurs voit revenir à lui sa femme plus aimante que jamais. Kergès s'en retourne à Montpellier dans son isolement de vieux garçon, où il continuera à écrire « de beaux livres pleins de formules absolues et inapplicables ».

Nartol, ministre, aura comme collègue Viterbe assagi, assoupli.

Par les nombreuses citations dont nous avons émaillé notre compte-rendu, il est facile au lecteur de se faire une idée de ce qu'est le monde parlementaire, monde de conventions, de nuances, de complaisances. Tel encore il nous apparaît dans *Clarisse Arbois*, de Maurice Boniface, où nous voyons une vieille duchesse « faire et défaire à sa guise les ministères » parce qu' « en sa jeunesse elle aura aimé plusieurs hommes, créé des amitiés, gagné des sympathies ». Comme le but de cette comédie est bien moins de montrer les travers de la vie politique que de « prêcher à la Jeune fille de Demain de placer le Devoir moins souvent dans une continence inutile que dans une vie d'amour crânement acceptée[1], » nous n'insisterons pas plus longuement ici sur cette charmante comédie dont le dénouement consiste à faire épouser une actrice de talent qui aura su garder vierge sa réputation d'honnête femme, par un futur ministre, son ancien amant.

Le 16 octobre 1890, pour la deuxième fois, M. Jules Lemaitre eut une de ses pièces représentée au théâtre. Il nous donnait cette fois une étude claire, nette, approfondie de l'homme politique parti de bas, et qui, devenu député influent par sa force de travail et son esprit de parti, se laisse berner par une Célimène de boudoir et abandonne pour elle famille, fortune politique, ambition personnelle, solidarité de parti...

Leveau, dès le premier acte, nous est dépeint comme « ayant beaucoup d'appétit et cette hâte de jouir comme ils ont tous... Un flair étonnant. Homme

[1] M. Boniface : *Préface de Clarisse Arbois*.

d'affaires autant qu'homme politique, et traitant la politique comme une affaire... Vaniteux ; très accessible aux séductions d'une vie dont les élégances lui sont nouvelles... Très fin... mais avec des naïvetés. Quant à ses convictions... comment ne seraient-elles pas sincères ? Il en vit[1]. » Après avoir été décrit de telle façon par M. de Maubrun à la marquise de Grèges, voici que le lion du jour fait son entrée dans le salon du dit Maubrun. Il vient de renverser le ministère sur la question de la séparation des Eglises et de l'Etat, et dans une discussion avec un de ses collègues du centre, « Deslignières, un des seuls qui représentent le fond même des idées moyennes du pays », il s'en fait une gloire et avoue même « qu'il serait stupide de ne pas profiter » du pouvoir et de l'argent que dans le combat pour ses convictions il aura récolté en chemin. Présenté à la marquise, Leveau tombe aussitôt sous le joug de l'altière beauté de celle-ci et dès la première minute il subit son ascendant.

Mâtine, rouée, Mme de Grèges sait comment attirer dans ses filets le farouche député que son hôte lui a dépeint. Elle fait chorus lorsque Leveau lui dit qu' « il n'est ni un ours, ni un fanatique, ni un bohême, mais qu'au contraire il comprend les élégances de la vie ». Ah ! le naïf parvenu que cet àpre lutteur qui, soumis aux regards moqueurs d'une authentique marquise, se défend d'être « un être hirsute, mal peigné, d'éducation sommaire, un échappé de brasserie, un Rabagas. » Et puis il en arrive aux

---

[1] J. Lemaître, *Le Député Leveau*, Acte II.

confidences, reconnaît que « c'est encore à droite qu'on trouve les gens de meilleure tenue, les plus propres... les plus... enfin les plus chic ».

De là à approuver lorsque Mme de Grèges, s'adressant à lui, s'exprime ainsi : « Ah ! quel rôle pourrait jouer un homme qui, sans s'inquiéter de la partie affirmative des divers programmes, et n'en retenant que les négations, saurait grouper tous les mécontents, fonder quelque chose comme un parti des honnêtes gens, un parti national !... » il n'y a pas loin ; si peu loin d'ailleurs qu'au deuxième acte le pas est franchi.

Mme de Grèges, sous le couvert de son mari et de Leveau, a créé le parti réformiste, le grand parti des mécontents. Notre député est de plus en plus sous le joug de son amour pour la belle marquise et dans une scène de famille extrêmement bien faite, il oblige moralement sa femme à demander le divorce contre lui, afin qu'un des obstacles qui le séparent de sa maîtresse soit brisé.

Ici il y a place pour une réserve.

Puisque M. Jules Lemaitre a voulu en quelque sorte peindre un caractère, — et c'est ainsi que d'ailleurs le public comprend sa pièce, — il eût été du plus haut intérêt de montrer comment un homme en pleine maturité, en pleine possession de son talent, a pu se laisser influencer à un tel degré, même par celle qu'il aimait, qu'il en soit arrivé à faire litière de son passé. On pourra objecter que la poire était mûre, que Leveau adulé, arrivé au pinacle, se pouvait croire à l'abri de tout incident et se livrer, tel

un naïf parvenu, à sa manie des grandeurs. Il nous
est facile d'admettre que devenu ministre, plus par la
force des choses que par sa propre ténacité et son
propre travail, un Rabagas quelconque se fût laissé
aller à de fâcheuses compromissions ; mais ce n'est
pas le cas pour Leveau, pour Leveau qui connait toutes les roueries de la politique, pour Leveau qui
plus d'une fois en sa carrière déjà longue, aura été
averti du sort réservé aux « girouettes » politiques
à quelque parti qu'elles appartiennent !

Et si néanmoins Leveau succombe, c'est dû, bien
moins à ce qu'il se soit grisé de ses succès passés,
qu'à l'amour sans égal qu'il éprouve à l'endroit de
Mme de Grèges. Et bien forte devait être la tentation
de la chair, bien omnipotent son amour pour la marquise, pour qu'il se laissât aller à renier son passé,
sa vie. Il est à présumer que plus d'une hésitation
dut assombrir leurs premiers rendez-vous d'amour !
Et nous aurions aimé assister à la lutte vivace que
se firent, en ce cœur d'homme, le devoir et la passion.
M. Lemaitre a négligé cette partie de son œuvre, ne
voulant sans doute point tomber dans une analyse
de la puissance de l'amour. Cependant, lorsqu'au
deuxième acte il nous montre la marquise aux prises
avec Leveau pour une signature à apposer au bas
d'une circulaire d'un comité « entièrement composé
de réactionnaires notoires », nous pouvons assister
pour un instant au combat engagé entre deux puis-
sances aussi redoutables l'une que l'autre. Mais il
suffit d'une flatterie pour amadouer le pauvre homme
qui s'exécute aussitôt et promet la signature qui va

irrémédiablement le perdre aux yeux de ses électeurs et de son parti.

Il n'est peut-être pas dans tout le théâtre de scènes plus amusantes, plus comiques au point de vue des protagonistès et au point de vue du public, que celles du troisième acte du *Député Leveau* : Les élections ont eu lieu ; le marquis de Grèges, sa femme et Leveau compulsent les résultats qui arrivent d'instants en instants. Un mouvement très accentué s'est fait en faveur du parti nouveau-né. Cependant il n'est guère que les conservateurs qui soient les vainqueurs de la lutte, les candidats républicains étant pour la plupart ou blackboulés ou en ballottage. Le marquis, à l'unanimité des suffrages exprimés, a été élu conseiller général de son canton. Et, dans l'attente des derniers résultats, la marquise joue cartes sur table et engage Leveau à « devenir franchement des leurs. Nous vous admirons, nous vous aimons ; vous aurez une situation considérable... », lui dit-elle, et Leveau, s'enfonçant de plus en plus dans la fange, accepte ce compromis pourvu que la marquise « personnellement lui en sache gré ». Arrive enfin, après des félicitations d'un « *Pla*cide, évêque de Tarascon », à l'adresse de Leveau, le résultat des votations de sa circonscription ; honteusement battu par son concurrent, irrité d'un entretien qu'il vient d'avoir avec son gendre Deslignières, puis avec Mme de Grèges qui ne veut pas tenir ses engagements et ne se sent aucun empressement à troquer son nom de Grèges pour celui moins aristocratique de Leveau, furieux d'aller d'échec en échec et de déboires en déboires, notre député retrouve son énergie d'antan et s'exclame :

« C'est complet! Il ne manquait plus que cela! Eh bien, vous savez ? J'en ai assez, moi, de tirer pour les autres les marrons du feu! Mais soyez tranquilles, c'est une leçon qui ne sera pas perdue. Je suis plébéien, monsieur le marquis, je suis fils de la Révolution, démocrate, démagogue, ultra-radical, extrême-gauche, tout ce que vous voudrez! Seulement, voilà! on est bête, on est sensible, malgré tout, aux noms, aux titres, au chic, à l'élégance de la vie... Le peu qui reste de votre aristocratie ne subsiste que par la sottise et la lâcheté des démocrates qui la jalousent, mais qui voudraient avoir l'air d'en être, qui aiment bien se frotter à elle, et qui, dès qu'ils ont de l'argent, lui empruntent, avec ses façons de vivre, la moitié de ses préjugés. Si tous les démocrates faisaient leur devoir, voilà longtemps qu'elle ne serait plus qu'un souvenir, votre noblesse que le diable emporte! Car elle est pourrie, Dieu merci! et si elle n'avait pour continuer à vivre que son mérite et ses talents... »

Tout croule autour du député traître à son parti ; sa maitresse se dérobe, ses électeurs lui font défaut, ses amis le renient ; il serait un homme fini, s'il ne lui restait son mandat de député! Mais en somme pourquoi M. Jules Lemaitre au lieu d'en rester aux seules élections d'arrondissement, n'a-t-il pas fait intervenir les élections législatives qui, en dépouillant Leveau de son siège de député, l'eussent pour jamais laissé s'en aller à la dérive.

Dans cette éventualité-là certes à la fin de l'acte dernier, Mme de Grèges n'en serait pas à se demander : « Serais-je un jour Mme Leveau ? » ce qui au dire de l'auteur signifie ceci : « Après tout, ce Leveau est un homme. Il sera peut-être ministre l'an prochain, surtout si je m'en mêle[1]... » Extrêmement ambitieuse, jamais la marquise ne serait devenue la compagne d'un Leveau qui ne saurait « être ministre dans un an ». Mais il faut être miséricordieux avec les pécheurs et sans doute ainsi aura pensé l'auteur de *Révoltée*, qui s'en explique d'ailleurs en termes très clairs dans l'étude qu'il a consacrée à sa pièce : « En somme ce petit bourgeois, fils d'ouvrier ou de paysan, sera au cinquième acte de ma pièce le mari d'une marquise authentique. Cela ne me déplaît point[2]... »

Il était dans la thèse de J. Lemaitre de faire Leveau « très coupable, mais non point très méchant ». Il y a très bien réussi ; car, toutes les vilaines actions que commet Leveau, il ne les commet pas de propos délibéré, mais sous l'influence prépondérante d'une néfaste Dalila, en qui il croyait avoir trouvé son Egérie ! Il resterait quelques critiques de détail : Pourquoi, en honnête impartialité, n'avoir pas opposé au radical-réformiste Leveau, un radical de la vraie école ? On a aussi beaucoup reproché à l'auteur d'avoir éparpillé un peu l'intérêt du spectateur ou du lecteur par l'énoncé des dissensions du

---

[1] J. Lemaître, *Impressions de théâtre.*
[2] Ibid.

ménage Leveau. Certes on n'est pas sans éprouver un certain regret à ne plus revoir, dès le troisième acte, cette bonne Madame Leveau et sa fille, mais notre esprit sera si rempli des scènes politiques qui se déroulent depuis ce moment, que nous ne déplorons que très peu l'absence de la famille Leveau. Et puis il y a le quatrième acte ! A le lire je me souviens des dénouements de Molière et je l'en rapproche parce que comme eux il nous donne l'impression d'être « tiré par les cheveux » ; il est si difficile d'achever logiquement une œuvre qui tient à ne calquer que la vérité !

Toute réflexion faite, *Le Député Leveau* est une des comédies qui honorent le plus la scène française, tant par sa composition, que par son but moral et son style.

Une femme aussi se trouve être la cause initiale des ennuis et des tourments que subira le député Rémoussin de l'*Engrenage ;* non une audacieuse, une manieuse d'hommes, une dominatrice comme Mme de Grèges, mais une provinciale fûtée, aux idées étroites, et qui, ambitieuse, rêve de devenir « Madame la Députée » en attendant qu'on fasse d'elle « Madame la Ministresse ».

L'Engrenage fut donné en mai 1894, peu après les scandales encore récents du Panama ; cette pièce venait quelques mois après l'interdiction de la *Journée Parlementaire* de M. Maurice Barrès, comédie qui s'était inspirée des mêmes circonstances et avait été interdite vu la violence de sa forme et ses attaques personnelles. Elle devait néanmoins paraître plus tard sur la scène, où elle n'eut d'ailleurs qu'un succès plus que relatif... Mais revenons à la comédie de Brieux ; elle est d'une tenue correcte, d'un style où parfois se peuvent noter des défaillances, mais qui nous frappe par sa sincérité et son naturel. A l'encontre de celle de M. Barrès, elle n'a été dirigée contre personne, mais elle met à nu une des plaies du système parlementaire.

Nous avons, dans *L'Engrenage*, à compter avec deux hommes politiques ; l'un se nomme Rémoussin et est un industriel de petite ville ; il doit sa situation politique aux intrigues de sa femme et aux perfides conseils de son mauvais génie, le sénateur Morin. A ce dernier, l'habileté sert de vertu et le toupet de qualité. Rémoussin, au contraire, est un irrésolu, n'ayant ni volonté forte, ni autorité sur ses proches ; il est probe et se pique même d'être quelque peu philanthrope.

Au début du premier acte nous le voyons s'agiter sur la question de savoir s'il acceptera de mettre sa candidature en avant pour les élections législatives qui vont avoir lieu ; il se dit fermement décidé à refuser le mandat dont voudrait l'investir son comité électoral. Ayant « voulu mener son élection honnêtement », il a été mis en échec au premier tour et il ne tient pas à affronter les risques d'une nouvelle votation. Et pourtant il aurait aimé avoir son siège à la Chambre, moins par ambition que « parce qu'il me semblait qu'il y avait quelque chose d'utile à y faire », confesse-t-il au sénateur Morin, venu le visiter: « Je n'ai pas votre scepticisme, reprend-il. Je vous assure que je me mords les poings de mon impuissance et de mes... Mais il ne s'en trouvera donc pas un au milieu de ces bavardages, de ces papotages, de ces mesquines agitations qui montera à la tribune et leur dira : Et la France, qu'est-ce que vous en faites ? Et le peuple qui crève de faim et que vous avez flatté, quand donc penserez-vous à lui ! » Et Morin l'invite à être celui-là ; qu'il se présente et il est certain de son élection ; à moitié convaincu, Rémoussin se laisse aller à discuter les chances du vote. Il voit surtout un grand empêchement à la réalisation de son rêve : il ne veut pas entendre, en grand ami des classes moyennes, parlér du droit sur le blé ; nommé par une circonscription purement agricole, il se verrait forcé de manquer soit à ses électeurs, soit à sa conscience. Bah ! lui répond le madré M. Morin : « Vous serez malade le jour du scrutin ; voilà tout. Il y a toujours moyen de s'arranger. » Exaspéré par les attaques de son adversaire, encouragé par une délégation électorale et poussé à bout par sa femme, Rémoussin accepte de lutter à condition toutefois qu'on ne fasse usage « de pressions d'aucune sorte, ni de petits verres, ni de menaces, ni de promesses. » Mais à peine vient-il de dire oui que déjà commence la corruption. Morin se charge de « cuisiner » l'élection ; Mme Rémoussin accepte de s'occuper du fils d'un électeur influent et, sans le vouloir, notre futur député se voit obligé d'admettre la taxe sur les blés que jusqu'alors il avait violemment combattue.

En possession de son siège de député, Rémoussin change du tout au tout. Il prononce des discours en

faveur des droits sur les blés, devient un protection-
niste à outrance et de bonne foi se croit grand
homme. Jusqu'à ce jour, bien que faisant partie d'un
groupe, il a su garder son indépendance et n'a eu
garde de s'aboucher avec les gens au pouvoir, « des
crapules » à son dire. Toutefois, ensuite d'une sotte
histoire amenée par sa femme, le voilà qui, après
quelques tiraillements, doit aller trouver le ministre
de l'Intérieur. Il a besoin de son indulgence pour arrêter le cours d'un procès où serait impliquée Mme
Rémoussin. Le ministre le reçoit très bien, lui fait
entendre qu'ils pourraient vivre en bons amis ; et
Rémoussin, qui dans peu le devait interpeller se fait
un devoir de le « ménager ».

C'est qu'aussi Rémoussin vient de faire une dé-
couverte stupéfiante. Alors qu'il était dans sa province, il s'était créé un idéal d'intégrité et d'austérité
en politique ; et toujours sa pensée revenait au
journaliste Balbigny dont l'intransigeance lui paraissait exemplaire. Et à l'instant il venait de découvrir que Balbigny, le farouche Balbigny, était
au mieux avec le ministre, que dans ses articles enthousiastes il vouait aux gémonies. Et comme Mme
Rémoussin s'étonne et demande : « Mais après son
article de ce matin ? » souriant finement, le mari
lui pourra répondre : « Ils l'ont rédigé ensemble... Je
dis ça. Je n'en sais rien, mais ça ne m'étonnerait
pas. Si tu les avais vus se serrer la main, s'appeler
mon cher ami,... se taper sur l'épaule. »

Il ne reste plus à Rémoussin qu'un dernier pas à
faire pour tomber à corps perdu dans une déchéance

complète ; il sera fait ; car, voici annoncé le marquis
de Storn, qui après les compliments d'usage en arrive au but de sa visite : « Je représente auprès de
vous, monsieur, la Compagnie du Simplon. Vous
le savez, de gigantesques travaux ont été entrepris
pour percer cette montagne, ils sont à la veille d'être
achevés et notre Compagnie se tourne maintenant,
vers l'Etat pour lui demander le rachat des actions
et des obligations qu'elle a émises, etc. »

Très savamment il éblouit notre pauvre homme
de chiffres fabuleux, de rapports inexacts, si bien
que Rémoussin promet son concours à la cause du
Simplon. Storn, avant de partir, offre une certaine
somme à Rémoussin ; celui-ci refuse, mais arrive sa
femme qui, sachant la situation obérée dans laquelle
se trouve le ménage, retient le marquis. A la suite
d'une discussion très courte, notre député sent ses
scrupules s'en aller et lorsque, sur des talons de
chèque, il reconnaît les noms de Morin, de Balbigny
surtout... il ne lui reste plus que, confus, à accepter.
« Il est dans le mouvement, » comme le dit un instant plus tard cet excellent M. Morin.

Arrive la catastrophe : Storn, arrêté, a vendu ses
complices. La liste des chéquards a été publiée en
partie. Rémoussin et Morin y figurent ; acculés à
l'abime, tous deux se sentent pris de remords, qui
chez l'un sont l'expression de la vérité, chez l'autre
de la crainte du châtiment. Rémoussin, repentant
jusqu'au bout, écrit une lettre où il s'avoue criminel ; de plus, il restitue les 25,000 francs qu'il a tou-
chés. La foule ignorante et lâche le hue, alors qu'elle

acclame le nom de Morin qui la harangue en ces termes : « Oui, mes amis, ce que je veux, c'est le bonheur du peuple, de ce peuple intelligent et fier qui a
tous les droits, parce qu'il est l'instrument de la
grandeur et de la prospérité de la patrie ! »

C'est que Morin a retrouvé toute sa faconde en
apprenant que la publication de la liste des chéquards n'aura pas de suites.

L'Engrenage est parmi les comédies politiques
une des meilleures. Brieux y stigmatise énergique-
ment « la politique qui dans une démocratie plus
que partout ailleurs est une maîtresse de mensonge,
d'hypocrisie et de lâcheté[1] ». Censeur sévère, nous
pourrions reprocher à cette comédie le manque de
vigueur qui parfois se fait cruellement sentir, la
psychologie quelque peu faible de certains personnages (M. Morin, Léonie Rémoussin, M. Lecardonnel)
et les moyens conventionnels que l'auteur met en
jeu. Mais à côté de cela il nous faut admirer la structure ferme de ces trois actes, la peinture prise sur le
vif des procédés électoraux en usage et de la vie
bourgeoise de petite ville ; le premier acte est un
modèle d'exposition. Mais il en est de *L'Engrenage*
comme de toutes les autres pièces à thèse : pour
arriver à une solution logique, pour que la chose
à prouver le soit suffisamment au dernier acte, il
faut pétrir d'une pâte toute spéciale les personnages, savoir d'une main experte manier les événements et les faits et surtout ne pas donner un con-

---

[1] J. Lemaître. *Impressions de Théâtre.*

trepoids à l'action engagée ou au caractère étudié.
Et c'est peut-être ce qui fait la faiblesse de ces sortes d'ouvrages en général et de *L'Engrenage* en
particulier.

Et si chaque soir, à Paris, « des cintres au par-
terre on vit comme le Palais-Bourbon pourrit le
cœur d'un brave homme, on vit comme ce milieu
contamine et pollue, on vit les sénateurs cyniques,
les députés souillés par le contact de la finance[1], » il
y manqua les faits et gestes de ceux qui dans la
tourmente surent rester intègres et probes et ne crai-
gnirent pas de répudier et de désavouer leurs collègues prévaricateurs ou concussionnaires.

Quoi qu'il en soit, *L'Engrenage* est une œuvre de
bonne foi que son auteur essaya autant que possible
de faire entrer dans le domaine des abstractions.

En peut-on dire autant de la *Journée parlementaire* de l'écrivain subtil et précieux qu'est Maurice
Barrès ? En toute sincérité il faut convenir que non.
Cette comédie fut bien plus un pamphlet politique
qu'une œuvre d'art. Dégagée de son ambiance, elle
ne représente rien ; l'action y est lente, hésitante, le
style vulgaire et ampoulé, les personnages irréels et
tournés à la charge. Ouvrage écrit pour la lutte, par
un écrivain égaré dans la politique, dirigé par un
homme de parti contre des adversaires au pouvoir,
cette pièce, qui eût très bien figuré dans les colonnes
d'un journal à grand tirage, devait forcément être partiale et par le fait même était vouée à une prompte

---

[1] E. de Saint-Auban. *L'Idée sociale au théâtre.*

mort. Ce fut le cas. Il serait oiseux d'en faire une analyse, aussi nous contenterons-nous de transcrire ici la critique très juste qu'un de nos meilleurs littérateurs lui a consacrée :

« Un député, politicien de marque et en passe de devenir ministre, est convaincu d'avoir trafiqué de son vote. Il va être acculé au suicide. Il venait d'épouser la femme divorcée d'un de ses amis. C'est celui-ci qui a mené la campagne. La ruine de l'homme d'Etat est la vengeance du mari... On pouvait en tirer un tableau de mœurs. Le procès en corruption a révélé tout un état d'esprit, un système de gouvernement, un mal social. D'où vient ce mal ? Quelles en ont été les causes ? Comment et jusqu'où s'est-il répandu ? Ce sera plus tard un beau sujet pour l'historien. M. Barrès, en le mettant sans perdre une minute à la scène, allait sans doute donner en pendant aux *Effrontés* une comédie plus âpre et un tableau de mœurs plus solidement peint. Il ne l'a même pas essayé. Où se passe sa pièce ? dans quel temps ? dans quel milieu ? Nous n'en savons rien. Elle serait parfaitement obscure et inintelligible si nous n'avions le souvenir des faits réels.

» On pouvait faire une étude de caractère. Le député Thuringe est-il un homme d'ambition et un homme de plaisir, décidé à satisfaire ses passions par tous les moyens, hardi et cynique, joueur qui a joué le tout pour le tout et se tue ayant perdu la partie ? Cette figure de bandit politique pouvait avoir de la grandeur. Ou Thuringe est-il de la foule de ceux qui ayant vécu longtemps d'une vie obscure et studieuse étaient mal préparés pour résister aux tentations et qui ont perdu la tête ? Il y aurait eu intérêt à suivre le travail qui se fait dans la conscience d'un honnête homme peu à peu démoralisé par une atmosphère spéciale. Mais on ne nous dit rien du passé de Thuringe, nous ne savons pas comment il a été amené à commettre une action honteuse et pas plus comment il se fait qu'il n'en puisse aujourd'hui supporter le déshonneur.

» Ou encore on pouvait placer le drame dans l'âme de Mme Thuringe (qui a quitté un honnête homme pour épouser un voleur). Mais Mme Thuringe traverse les trois actes de la pièce sans avoir l'air de se douter de ce qui s'y passe.

» M. Barrès n'a voulu que faire le drame de la peur. Si encore il l'avait fait ! A peine s'attache-t-il à décrire les sentiments par où passe Thuringe ; on n'est occupé, dans cette pièce qu'à courir, comme dans les *Pattes de Mouches*, après un papier qui paraîtra peut-être dans un journal ou peut-être n'y paraîtra pas, ou peut-être n'est qu'une photographie ou peut-être est un original. Entre ce Legros quelconque, ce vague Isidor, et cet incertain Le Barbier, que se passe-t-il au juste ? Qu'ont-ils fait ? Que craignent-ils ? Ce ne sont que bonshommes sans individualité... Comparez la pièce de M. Barrès avec le procès-verbal de telles séances de la Chambre ou de la Cour d'assises. Vous verrez combien l'art ici est inférieur à la réalité.

» Au point de vue littéraire, la pièce de M. Barrès n'existe pas. Dégagée de l'attrait que le scandale pouvait lui prêter, la *Journée parlementaire* est un pur néant[1]. »

Dans la *Fin d'un Parti*, M. A. Bonnins, en monarchiste convaincu, mais en auteur médiocre, déplore la déchéance de certain parti politique. Il s'agit de la question électorale; diverses candidatures sont en présence. Nous voyons s'agiter les comités des divers partis... Comme candidature d'opposition le choix se peut faire entre un rallié, homme sans valeur, mais extrêmement riche, et un monarchiste de la vieille école, rétif à l'ordre nouveau et à toute compromission avec gens de la finance ou de la roture.

Le monarchiste convaincu est laissé de côté et les comités électoraux lui préfèrent le « rallié ». Ce sont ces compromissions avec les partis de gauche, qui, d'après l'auteur de notre comédie, causent la « fin d'un parti ». Et seul il reste à le déplorer, seul avec une douairière de l'ancien régime.

Si dans la *Fin d'un Parti* M. Bonnins nous montre les vilenies auxquelles se livrent le parti monarchique aux abois, M. Emile Fabre, lui, se charge de dénoncer celles auxquelles le parti opposé s'adonne. Dans sa comédie la *Vie publique*, il nous peint à merveile les infirmités dont nous souffrons en notre régime démocratique. Son héros, M. Ferrier, est maire de Salente; ce Ferrier est un radical parvenu, également éloigné du socialisme que du modérantisme, mais encore davantage du premier que du second. Les élections du premier tour ont

[1] *Revue des Deux-Mondes*, René Doumic.

été sans résultats pratiques : il y a eu ballottage, ce qui, en somme, constitue un échec pour le maire. Sa victoire au second tour dépend du parti ultra-montain, aussi son anticléricalisme fond-il d'instant en instant. Il reçoit d'abord le vicaire-général à qui il promettra un siège d'évêché; M. de Riols, son adversaire politique, est alléché par la promesse d'être nommé conseiller-général avec l'appui de Ferrier. Il reste encore à s'attirer les bonnes grâces de la « haute banque » et pour ce, le maire donnera pleins pouvoirs au banquier Lévy pour l'exécution de certains travaux de voirie dont jusqu'alors il n'avait pas voulu entendre parler.

Cette fois-ci M. Ferrier est sûr de sa réélection! Nous avons vu au prix de quelles lâchetés morales. La *Vie publique* est une satire très vive, d'une vérité frappante : elle nous laisse sur une impression très peu enthousiaste de ce monde politique où tout n'est le plus souvent qu'occasions d'arriver à la fortune, dût-il en coûter les plus viles compromissions aux personnes égarées dans cet enfer! Et pourtant la politique a du bon; c'est à elle qu'on doit la vigueur d'une nation; à elle aussi qu'on est redevable de bien des lois de solidarité sociale. Non, il n'est pas vrai que forcément tout homme politique devienne un « mauvais berger ».

———✳———

CHAPITRE V

L'Enseignement au Théâtre.

Pièces.	Auteurs.	Dates.
Blanchette	E. BRIEUX	1892
L'Institutrice	R. O'MONROY et	
	R. VALLIER	1900
L'Ecolière	J. JULLIEN	1901
La Guerre au Village .	G. TRARIEUX	1903

Il nous a été donné, dans une page précédente, de rappeler la phrase corrosive, mais si vraie, que M. Brieux met dans la bouche d'Elise Rousset, l'héroïne de sa comédie *Blanchette* : « Il n'en manque pas de malheureuses qui peuvent envelopper leur carte de fille soumise dans leur brevet d'institutrice ! » Il s'offre aux jeunes filles qui se vouent à l'enseignement deux manières de gagner leur vie : ou le préceptorat, ou la vie régulière d'institutrice d'Etat. Ou, comme Blanchette, elles ne trouveront pas à se placer et, prises entre leur orgueil, leur vanité de savantes et la vie terriblement pratique et besogneuse de leurs parents, elles finiront par un esclandre. Ne comprenant plus les goûts simples de leur entourage, ne se souvenant plus d'où elles sont sorties, viciées par une éducation qui n'était pas faite pour elles, les voilà qui choisiront la première occasion pour rompre avec leurs proches et partir à la recherche de la fortune. Les pauvres filles se voient vouées au préceptorat. Qu'en advient-il le plus souvent?

Par la lecture des différentes pièces qui font l'objet de notre étude, nous sommes à même de suivre ces malheureuses dans le « struggle for the life » continuel qu'il leur faut soutenir. Ce n'est pas encore l'heure de montrer du doigt toutes les embûches, tous les pièges qu'il leur faut déjouer si elles tiennent à conserver intact leur honneur. On pourra nous objecter un pessimisme de parti pris et nous citer soit l'un ou l'autre exemple contraire à notre assertion. Soit; il se peut fort bien que, comme dans *L'Institutrice* de MM. R. O'Monroy et R. Vallier, la jeune fille ait affaire à un homme d'honneur tel le commandant d'Esperval, ou que, comme dans la *Déserteuse*, du même Brieux, elle arrive, de simple institutrice à devenir la seconde mère de son élève, de par son mariage avec un brave cœur comme l'est Forjot. Mais s'il en est ainsi dans l'optimiste comédie de M. Brieux, nous ne saurions jurer que dans la vie réelle nous en ayons beaucoup d'exemples. Moins rares sont ceux qui nous montrent une Hélène Vatrin, jeune fille au cœur sentimental, devenir à la fois et la maîtresse du père et la maîtresse du fils, de l'un par la violence, de celui-ci par amour[1]. Il nous suffit, d'ailleurs, d'entendre les doléances de Blanchette lorsque, de retour au village, elle conte à ses parents son odyssée douloureuse.

Voici pour les institutrices hors de l'Université ; à dire vrai, bon nombre de personnes trouveront qu'elles sont dignes, en tous points, de notre pitié ; elles chercheront, dans la mesure du possible, à rendre leur sort moins cruel, et se consoleront assez facilement en songeant que du moins les institutrices possesseurs d'une place de l'Etat sont à l'abri de tout tracas, de tout ennui professionnel ou autre. A en croire M. Jean Jullien et M. G. Trarieux qui, l'un dans *l'Ecolière* et l'autre dans *La Guerre au Village,* ont étudié très impartialement la situation de nos éducatrices, celle-ci est des plus précaires.

On a pu taxer ces deux comédies de parti pris, on a pu leur reprocher un pessimisme poussé trop à l'aigu, on a pu en dire ce qu'on dit de chaque pièce à thèse — qu'un exemple ne saurait prouver la vérité d'un principe ou d'un cas général — mais si vives et si acerbes que furent les critiques formulées à l'égard des deux œuvres en question, nous défions bien quiconque, de saine raison, qui aurait ou vu ou lu ces deux pièces, de ne pas être frappé devant le pharisaïsme étroit dont nous faisons preuve. Plus d'une fois nous sentirons nos poings se crisper de

[1] F. de Curel, *Les Fossiles.*

colère impuissante devant la lâcheté immonde, ignoble, de personnages que nous savons vrais, réels, de personnages que nous savons côtoyer dans la vie courante, de personnages enfin en lesquels nous reconnaissons quelque chose de nous-mêmes.

. . . .

Blanchette, qui fut pour Brieux ce qu'est pour Capus *La Veine* et pour Donnay *Amants*, *Blanchette* qui rendit son auteur célèbre et le lança dans le monde du théâtre, fut représentée pour la première fois sur la scène du Théâtre-Libre en l'année 1892. Son succès s'accrut d'année en année, aussi cette comédie robuste et bien charpentée fut-elle reprise sur différentes scènes et termina glorieusement par arriver au Théâtre-Français, dont elle fait, à l'heure présente, partie du répertoire.

Le premier acte, en une exposition très claire, nous introduit dans l'intérieur d'un cabaret de village, tenu depuis de longues années par le père Rousset et sa femme. Au mur pend le brevet d'institutrice au nom d'Elise Rousset, leur fille. En possession du dit brevet, Blanchette — car Elise Rousset et Blanchette ne font qu'un — se repose de ses fatigues en attendant que le gouvernement veuille bien lui procurer une place. Ses parents sont fiers d'elle, de son instruction ; à tout venant ils font montre de leur légitime orgueil, orgueil qu'ils poussent jusqu'à refuser la main de leur enfant à un brave et honnête ouvrier qui, avec son père, est venu la demander. De son côté, Blanchette est tout aussi infatuée de son importance. Elevée en compagnie d'enfants plus for-

tunés qu'elle, elle leur a pris la plupart de leurs défauts. Elle ne songe qu'à toilettes, mariage riche,
aventures romanesques et déjà se sent déplacée en la
compagnie de ses parents et des paysans, leurs
clients.

En conversation suivie avec une de ses anciennes
camarades d'école, Mlle Lucie Galoux, fille d'un riche
industriel, Blanchette ne prend garde à l'entrée d'un
client et se refuse à le servir, croyant, ce faisant,
déroger. Le premier acte s'achève sur le refus du
père Rousset de donner sa fille en mariage au fils
d'une de ses bonnes connaissances.

Quelques mois se sont écoulés; Blanchette n'est
pas encore pourvue de sa place d'institutrice et les
parents commencent à trouver lourde la charge qui
pèse encore sur eux. Il est vrai de dire que pour s'occuper Elise projette de grands desseins. A l'écouter,
il faudrait transformer du tout au tout l'humble cabaret de village pour en faire un café de grande ville,
avec ventilateur, consommations de choix, glaces,
etc. Il y a de l'orage dans l'air; pour peu une scène
va éclater. Elle a lieu, en effet, à propos d'un rien,
pour reprendre avec plus de force lorsque le père
Rousset a vent de la conduite de Blanchette envers
les meilleurs clients de l'établissement. Avec force
cris et injures, il la force à demander pardon au can-
tonnier Bonenfant qu'elle s'était refusée de servir
certain jour de conversation avec Lucie Galloux.
Puis survient l'heure des explications — plutôt pé-
nibles.

Rousset. — J'en ai eu trop, de la patience. On s'est fichu de moi. On nous avait promis qu'elle gagnerait aussitôt son brevet, et pour le lui faire avoir, nous avons trimé comme des bêtes... La nomination ne vient pas... *(à Elise.)* Je ne suis pas assez riche pour t'entretenir ici éternellement. Si encore tu te contentais de ne pas apporter de l'argent à la maison ! Mais tu en gâches... Mademoiselle veut nous empêcher de gagner notre vie, et elle épluche les notes des clients ; elle prend les intérêts des étrangers contre ses parents... A partir de demain, Blanchette, tu gagneras ton pain, ou tu n'en mangeras pas...

Elise. — Je m'en irai.

Rousset. — Bonsoir. Il y aura plus de pain pour les autres.

Elise. — Me l'auras-tu assez reproché, le pain que je mange ! M'auras-tu assez humiliée, avec cela ! Sois content, tu ne me le reprocheras plus ! Si malheureuse que je puisse être, je ne souffrirai pas autant que je souffre ici... Nous sommes devenus des étrangers l'un pour l'autre. Aussi, il vaut mieux pour tout le monde que je m'en aille, et je m'en irai.

Rousset. — Voilà quatre fois que tu le dis...

Elise. — Veux-tu donc que je parte tout de suite ?

Rousset. — Je suis bien tranquille. T'as de la fierté, mais t'as encore plus de paresse. Ici on te nourrit à rien faire : tu resteras.

Piquée au vif après cette scène d'une violence peu commune, Blanchette prend le chemin de l'exil. A

ces deux premiers actes, la critique fut assez bien-
veillante. Il nous faut, en effet, reconnaître les qualités maîtresses que Brieux y a déployées. Si le style
n'est pas extrêmement soigné, si, par-ci par-là, des
expressions nous peuvent choquer par leur crudité
voulue, nous ne saurions tenir longtemps rigueur
à l'auteur de *Blanchette,* tant il a bien su nous
peindre un milieu de vrais paysans, tant il a mis
d'art à nous initier à leur manière de vivre, à leur
caractère un peu rude, bien souvent entaché d'une
pointe d'intérêt trop vivement marquée. Le père
Rousset est étonnant de vie, tout en lui nous est
connu ; que de pères Roussets ne connaissons-nous
pas ! Sa femme, soumise, humble, excellente ména-
gère, mère tout aussi soumise à son enfant que l'est
l'épouse au mari, Mme Rousset incarne à nos yeux le
type parfait de la femme résignée à son sort et souf-
frant en silence les maux les plus cruels. Nous avons
d'autre part déjà indiqué les principaux traits du caractère d'Elise Rousset ; nous avons avec elle été
choqués de la vie purement pratique qu'elle s'est vue
obligée de vivre, de retour au foyer familial ; avec
elle, nous avons déploré le réalisme outrancier de
son père, mais, quelle que fût notre prédilection pour
Blanchette, nous n'avons pu nous empêcher de re-
gretter son manque d'assimilation pour cette vie de
petite bourgeoise dont elle aurait dû savoir se contenter.

Blanchette nous est sympathique parce qu'elle
est une pure cérébrale ; elle vit par ses lectures, par
ses connaissances en littérature ou en histoire ; aussi

est-elle peu faite pour servir les clients du restaurant paternel. Nous ne doutons pourtant pas qu'elle eût fait une excellente institutrice; mais cette carrière lui est maintenant fermée, car elle n'aura pas su attendre assez longtemps qu'il plût au gouvernement de la placer. Et si elle doit à l'heure présente courir les risques inhérents à la profession de préceptrice, gouvernante ou autre métier pour jeune fille instruite, la faute en est bien moins à ses parents, à son caractère, qu'à l'Etat, qui, en lui décernant un brevet d'institutrice, avait par le fait charge d'âme et aurait dû lui procurer son gagne-pain.

C'est donc là que réside la tare primordiale de l'enseignement : trop de candidats pour un nombre minime de places. Comment y remédier? Si M. Brieux ne l'indique pas en toute lettre, ce moyen saute aux yeux de tout lecteur : que l'Etat n'admette dans ses écoles normales qu'un nombre restreint d'élèves et ainsi il sera à même de pourvoir aux besoins de toutes les personnes en possession de leur diplôme.

Mais revenons à *Blanchette*. Elise Rousset, malgré l'expresse défense de son père, est revenue à la maison, épuisée, malade, par un triste soir de novembre. Son père ignore encore son retour, mais il va l'apprendre. Blanchette paraît et la première parole du père est une menace. Elise supplie, raconte sa vie de malheurs, de déboires; le père Rousset, entêté, reste inflexible. La discussion va prendre une tournure violente, lorsque entrent le père Morillon et son fils qui, comme au premier acte, viennent demander la main de Blanchette. Cette fois-ci ils l'obtiennent et le tout se termine par une embrassade générale, à laquelle prend part le père Rousset, enfin réconcilié avec sa fille.

Ainsi se termine la *Blanchette* représentée à la Comédie-Française ; la première version, plus logique, plus cruelle en son dénouement, nous montrait une Blanchette ayant faibli et ayant cherché dans la prostitution une solution à ses soucis d'argent.

Dans la pièce que nous étudions, Blanchette a su garder intact son honneur de jeune fille, mais elle ne se lasse pas de nous montrer à vif les hontes qu'elle a dû subir, les propositions déshonnêtes qu'elle a dû repousser. Ecoutons plutôt :

Rousset. — On ne m'ôtera pas de l'idée, à moi, qu'avec ton instruction si tu avais eu du courage et de la bonne conduite...

Elise. — De la bonne conduite !... C'est plutôt ça qui m'a gênée.

Mme Rousset. — Blanchette, ne dis pas ça ! Blanchette !

Elise. — C'est pourtant vrai, ma pauvre maman ! Ça a commencé dès mon départ d'ici.

Rousset. — Chez M. Galloux ?

Elise. — Chez M. Galloux. Georges a voulu faire de moi sa maîtresse.

Mme Rousset. — Monsieur Georges !

Elise. — Lui-même. Comme j'ai résisté, il a parlé de m'épouser.

Rousset. — Alors ?

ELISE. — Eh bien, il paraît que l'instruction n'était pas une dot suffisante : son père m'a chassée.

Mme ROUSSET. — Chassée, parce que...

ELISE. — Oh! en me faisant des compliments et en m'offrant une somme d'argent, que j'ai refusée.

ROUSSET. — Toujours tes idées de grandeur. Je disais bien, c'est par la fierté que tu n'as su rester nulle part.

ELISE (animée). — Non, ce n'est pas par fierté, c'est plutôt par vertu. Allons, tu veux que je te dise tout. Tu veux le savoir, ce que j'en ai pleuré, des larmes, ce que j'en ai avalé, de la honte ! Ecoute. En sortant de chez M. Galloux, dans une autre place, j'ai encore dû m'en aller!... Là, c'est la mère qui m'a renvoyée, oui, la mère, parce qu'en prenant une demoiselle de compagnie pour elle, elle entendait en même temps donner à son fils une maîtresse économique et sans danger. Après? Après... Voici : Un vieillard très respectable avait perdu une fille de mon âge, à qui je ressemblais, disait-il. Il me demanda pour la remplacer. Ah ! l'ignoble personnage !... Quand je suis partie, il a levé les épaules : ma candeur lui faisait pitié, à ce père inconsolé ! Dans une autre maison, ça été le mari...

ROUSSET. — Fallait entrer chez une dame seule.

ELISE. — C'est ce que j'ai fait, je te l'ai dit; j'y ai été bonne, et j'ai lavé par terre, comme tu me le demandais. Celle-là ne me donnait pas à manger... Alors, après tout cela, je regrette presque, maintenant, de ne pas avoir imité d'autres diplômées, comme moi, que j'ai rencontrées, qui se conduisent mal et qui n'en sont pas plus à plaindre pour ça, au contraire. Oui, oui, je dis la vérité, l'instruction ne donne pas la vertu... Il n'en manque pas des malheureuses qui peuvent envelopper leur carte de fille soumise dans leur brevet d'institutrice. »

Si longue qu'est cette citation nous n'avons su résister au désir de la donner complète, tant elle est parlante et tant elle est l'expression de la triste réalité. Il arrive pourtant que les Blanchettes n'ont pas toujours à faire à des vieillards libidineux ou à des mères honteusement économes. C'est le sujet d'une comédie due à la plume de MM. O'Monroy et R. Vallier. N'ayant pu, par nous-même, juger de cette pièce, nous laisserons la parole au distingué critique de la *Revue hebdomadaire*, M. R.-M. Ferry, qui s'exprime en ces termes :

« Jeanne Dauvillier se présente comme institutrice chez le commandant d'Esperval, qui est resté veuf avec un enfant à élever. Séduit aussitôt par le charme de jeunesse confiante et résolue que répand autour d'elle Jeanne Dauvillier, le commandant se sent gagné ensuite par un trouble impur qui l'avertit du danger qu'il peut faire courir à cette honnête fille. Mieux vaut ne pas commencer l'expérience. Il la congédie, étonnée et confuse, et, comme le jour décline, l'officier, dans son appartement garni plutôt que meublé, sous la lampe, solitaire, reprend son Jomini, cependant que la sonnerie du cor retentit dans la caserne voisine. »

Par l'analyse succincte de ces deux comédies, nous voyons à quels déboires sont acculées la plupart des jeunes filles cherchant dans le préceptorat un gagne-pain. Sont-elles laides, on ne veut point d'elles, on les repousse ; sont-elles jolies, on cherche à les induire au mal, on se joue d'elles, si on n'en abuse pas.

Dans l'*Ecolière,* de M. Jean Jullien, nous assistons aux pièges, aux traquenards que différentes personnes, toutes d'une moralité insoupçonnée, dressent à Mlle Noémi Lambert, sous-maîtresse d'école à Frimond, ville supposée, au nord-ouest de la France. Au premier acte, nous assistons à la distribution des prix. Le maire Masurier, dans un emphatique discours, vante les bienfaits de l'instruction. « L'instruction, dit-il aux jeunes filles qui l'écoutent, délivre la femme du joug des préjugés, lui donne conscience de sa valeur et de ses devoirs et... l'arme dans la lutte pour la vie ! » Le but de cette comédie consiste à démontrer la fausseté de cette dernière assertion. Non, hélas ! l'instruction n'arme pas la femme pour les luttes à soutenir dans la vie ; pas plus d'ailleurs qu'elle ne lui donne conscience de sa valeur et de ses devoirs. L'instruction n'est qu'un paravent derrière lequel se cachent plus d'une idée fausse, plus d'un préjugé obstiné. Seule la vie, seule l'expérience sauront donner à la femme la juste estime à laquelle elle a droit, de par son rôle à jouer, de par son instruction. L'instruction ne fait de la femme qu'une écolière, la vie en fait un être moral et pensant, pour ainsi dire autonome, ne dépendant que de soi, nullement des autres.

Noémi Lambert, à peine installée en qualité de directrice de l'école communale de Frimond, se voit en butte aux vexations de toutes sortes. La commission d'école, composée entre autres de Masurier, de Baudrand, le pharmacien de l'endroit, d'Oudaire, un entrepreneur, de Duthel, de Rivollet, etc., nous apparaît au premier acte comme toute acquise à Mlle Lambert et aux réformes qu'elle préconise. Mais l'amabilité de ces différents personnages n'est pas désintéressée et nous en connaissons le pourquoi un peu plus tard, lorsque tour à tour notre héroïne doit subir les assauts d'un Oudaire, ou d'un M. Duthel, vieillard entre tous respectable! Rivollet lui propose de partir avec lui aux bains de mer; Masurier lui dérobe un baiser, Baudrand exige davantage encore. La vie n'est plus tenable pour la pauvre écolière, au caractère éminemment franc et probe. Tous ses adorateurs repoussés se liguent contre elle, font déplacer de Frimond un modeste employé des postes qui passe pour son fiancé. Non contents de se venger sur l'entourage de Mlle Lambert, ils s'en prennent à elle, et la dénigrent de gaîté de cœur auprès de l'inspecteur, venu en tournée.

De plus en plus les colères s'amassent et lorsque Noémi, dans un moment d'énervement extrême, ne craint pas de reprocher à Baudrand sa conduite indigne, on sent qu'elle n'en a plus pour longtemps à rester à Frimond. Les commérages s'en mêlent, les cancans font leur chemin, et bientôt on se répète d'oreille en oreille, par toute la ville, que Noémi est la maîtresse de Baudrand, ainsi que des autres. Dé-

goûtée à jamais de l'enseignement, ^{Mlle} Lambert
vient d'envoyer sa démission d'institutrice : elle va
partir pour devenir, d'écolière qu'elle était, la personne indépendante qu'elle avait toujours cherché
à être. Elle quitte Frimond sous les quolibets, les
huées de la population provincialement bourgeoise
qui lui fait cortège jusqu'à la gare.

Ce qu'il faut surtout remarquer dans cette comédie, c'est son intensité de vie. Rarement un auteur
a su aussi heureusement dépeindre le genre de petite
ville de province, peinture autrement supérieure à
l'exquise comédie de Picard : *La Petite Ville*. Si,
dans cette dernière pièce, nous voyons surtout les
travers, les à côtés, le burlesque de la vie de province, dans l'*Ecolière* nous assistons au sérieux,
au cruel, au triste, qui fait un bien vilain revers de
médaille. Tout aussi exactement, est dépeinte la
vie intérieure de l'école, avec son personnel spécial,
ses régisseurs, ses élèves plus ou moins espiègles,
avec ses querelles intestines, ses potins pour un si
ou pour un mais, avec ses inspections pour la forme
et ses fêtes de fin d'année, si aptes à entretenir d'éter-
nels sujets de mécontentement et de jalousie entre les
familles des élèves non appliqués et le corps ensei-
gnant. Nous avons dans l'*Ecolière* les trois types
d'institutrice qu'on peut rencontrer. En premier lieu
Noémi, l'institutrice qui de sa profession se fait un
réel sacerdoce, car elle en comprend toute la haute portée sociale. Puis vient, très bien esquissée, la figure
de l'institutrice «arriviste», qui enseigne pour ensei-
gner, parce qu'il le faut et que ça « rapporte ». Et puis

encore, il y a cette bonne Mme Dujardin, ignorante du mal, et qui, dans son enseignement, ne voit rien de mieux qu'une continuelle répétition de mêmes mots et de mêmes notions. N'est-ce pas elle qui s'exprime en ces termes : « Pour nous autres de l'enseignement, il est plus sage de chercher à contenter nos supérieurs que d'avoir la prétention de réformer les systèmes d'éducation. » Dans une autre pièce qui suivit de deux ans celle de M. Jean Jullien, nous retrouvons deux des types en présence dans l'*Ecolière ;* cette pièce est *La Guerre au Village,* et son heureux auteur M. Gabriel Trarieux. Dans *La Guerre au Village,* Noémi Lambert aura nom Henriette Pastoret, et Mlle Clémence (l'institutrice arriviste), répondant au nom de Mlle Lelièvre, pourra dire : « Oh ! moi, j'ai une méthode bien simple, qui me réussit partout. J'ausculte l'opinion publique. Cléricale? Je vais à la messe. Radicale ? Je ne salue pas le curé... Comme ça je n'ai pas d'ennui. »

Et comme s'achève l'*Ecolière*, de même se termine la pièce de M. Trarieux. L'institutrice dévouée, celle à « idées », doit faire place à l'autre, à celle de la citation reproduite plus haut, en butte qu'elle sera, pauvre Henriette Pastoret, aux sarcasmes et aux criailleries de la foule. Et si elle succombe dans la lutte, c'est encore — et toujours — à l'égoïsme de l'homme qu'elle le devra. Prêtresse de l'idée laïque, elle devra sa défaite à son propre parti qui, en cette occasion, aura à merveille servi les desseins des rédacteurs du très clérical journal *Le Clocher*.

Henriette occupe, dans une petite sous-préfecture

de la Charente, la place de directrice d'école. Elle la mérite vraiment, car elle se sent l'âme faite pour donner à sa profession toute la grâce et tout le charme de sa jeunesse pensive : « En choisissant le métier de former des âmes, je n'ai pas cédé, comme d'autres, au seul souci de gagner mon pain, mais à une vocation profonde... Mes camarades, autrefois, m'appelaient en riant : l'Apôtre. La petite missionnaire que je fus alors subsiste en moi, malgré les à-coups de la vie. » Elle peut, la pauvre, en toute connaissance de cause, parler des à-coups de la vie.. Toute jeune elle s'est laissée séduire par un ami de son frère qui lui avait promis de l'épouser. Elle en eut un enfant. Depuis lors, elle essaie, par une vie de travail, de se relever, elle a à cœur de se réhabiliter. Personne n'a connaissance de son passé, lorsque, à propos d'un siège de député, *le Clocher*, en un entrefilet venimeux, annonce qu'il va ébruiter l'histoire. D'autre part le candidat aux élections, René du Breuil, qui n'est autre que l'ancien amant d'Henriette, est depuis peu fiancé à Suzanne Leboutillier, la fille du maire radical de la ville et l'amie intime d'Henriette. Et malgré les démarches d'Henriette auprès de Leboutillier, auprès de du Breuil, auprès de ses supérieurs et de ses amis, elle est sacrifiée. Henriette devra démissionner, sinon elle sera révoquée. *Le Clocher* et sa coterie triomphent, ainsi d'ailleurs que du Breuil et son comité électoral. Henriette partie, du Breuil ne sera plus attaqué par le journal clérical et sera ainsi certain que son élection est assurée.

Il ne reste plus d'autre ressource à Henriette

que d'épouser un de ses collègues, un humble aussi, fort malmené parce qu'on lui reproche son affection pour la noble femme qu'est Henriette.

Ainsi toujours ce sont les petits, les innocents qui paient pour les vrais auteurs du mal. Du Breuil a commis un crime moral en abandonnant sa maîtresse devenue mère; elle sera impitoyablement brisée si, la rencontrant à nouveau sur sa route, il trouve en elle un obstacle pour arriver au pinacle. Et la foule ignorante et lâche, la foule anonyme, suivra les du Breuil et les Leboutillier en leur égoïsme féroce, comme aussi elle aurait hurlé à la suite des fanatiques rédacteurs du *Clocher*.

Et l'administration s'incline, donne raison aux repus de la vie, ne voit en les humbles que des délinquants et, sans s'inquiéter du passé d'un du Breuil, ne cherchera à voir dans celui d'une Henriette Pastoret que flétrissure sur flétrissure.

CHAPITRE VI

La Science au Théâtre.

Pièces.	Auteurs.	Dates.
L'Evasion	Brieux	1896
La Nouvelle Idole . .	de Curel	1899
En paix.	Bruyère	1900
Le Baillon	C. Le Senne	1901
L'Instinct	H. Kistemækers	1905

Aucun domaine de la pensée humaine ne rebuta les courageux dramaturges contemporains ; comme ils avaient reconnu un sujet de pièce dans l'étude des conditions sociales de la femme[1], dans celle des tares inhérentes à notre système politique parlementaire[2], ou dans la peinture des dangers auxquels se trouvent exposées les jeunes filles qui essaient de gagner honorablement leur vie[3], ils s'en prirent à

[1] Voir chap. II. *La Famille au Théâtre.*
[2] Voir chap. IV. *Le Monde politique sur la scène.*
[3] Voir chap. V. *L'Enseignement au théâtre.*

la Science, tout en la limitant exclusivement à la médecine, comme si, seule parmi les sciences, elle érigeait ses données en systèmes.

La médecine qui, après les découvertes des Claude Bernard, des Pasteur, des Charcot, avait été prônée sur tous les tons par certains romanciers en vogue (Zola), se vit attaquée avec une vigueur excessive par nos jeunes dramatistes. Le premier qui entra carrément dans cette voie fut Brieux. Il prit comme thème de sa comédie de réduire à néant la théorie chère à l'auteur du *Docteur Pascal*, théorie d'ailleurs toute médicale et qui fut appelée à un grand retentissement. Nous avons nommé la loi de l'hérédité. Qu'il y ait eu dans cette voie des errements regrettables, que d'aucuns, par esprit d'exagération ou de zèle, soient allés trop loin, personne n'en disconvient. La chose est fort possible, parce qu'elle est très humaine, mais ces faits ne sauraient en rien annihiler une loi de portée générale, basée sur des faits probants.

La comédie de Brieux, *L'Evasion*, fut jouée pour la première fois en décembre 1896 et obtint un très vif succès. Elle donna lieu à des polémiques acharnées, à des dissertations savantes, et chaque fois qu'on donne cette pièce les mêmes critiques acerbes, les mêmes paroles louangeuses se font entendre. Ah! c'est que Brieux n'épargne guère le corps médical, et s'il veut bien trouver quelque mérite à la vie honnête, au dévouement désintéressé d'un médecin de campagne, tel Richon, il ne sait assez vivement flageller les Bertry, les La Belleuse et

autres qui, de leur profession, font un métier et
de leurs soins aux patients un marche-pied pour
arriver plus vite et plus haut. Certes, Brieux ne
fait pas renaître la querelle pendante depuis Molière et s'il abomine les médecins en tant que médecins, il en veut davantage encore aux néfastes
doctrines qu'ils propagent, « aux lois, aux fameuses
lois, sinistres et hasardeuses, aux lois de désespé-
rance qui, peut-être, ont fait plus de vicieux et de
fous que l'hérédité elle-même ».

L'auteur de *Blanchette* tend donc à démontrer le
malfondé des dites lois de l'hérédité et pour cela
comment s'y prend-il ? Il admet deux jeunes gens,
dont l'un, Jean Belmont, est le beau-fils du célèbre
docteur Bertry, « membre de l'Académie de médecine, professeur libre de neuropathologie, auteur de
travaux considérables sur l'hérédité », et dont l'autre Lucienne Bertry en serait la nièce. Tous deux
sont sous le coup d'une influence héréditaire fatale.
Jean appartient à une famille où l'hypocondrie et le
suicide sont à l'état latent ; quant à Lucienne, elle
se trouve être l'enfant d'une femme galante, « une
grande cocotte de la fin de l'Empire ». Tous deux
ont été élevés sous l'œil attentif du Dr Bertry qui,
connaissant leurs tares originelles, a fait tout ce
qu'il a pu pour les guérir, sans succès d'ailleurs. A
vrai dire il a une méthode si personnelle de traite-
ment que la guérison nous étonnerait plutôt. Pour
Jean, il s'y est pris de cette manière-ci : « Je l'ai envoyé au collège, en province, par acquit de conscience. Lorsqu'il a eu vingt-cinq ans j'ai employé les

grand moyens. J'ai fait appel à toute son énergie,
puis je lui ai raconté la vie de son père, je lui ai dit
la terrible ascendance qui pesait sur lui, je lui ai
donné mes livres à lire, afin que, connaissant le danger, il se décidât à se secouer, à réagir. Il a été plus
triste qu'avant. » On le serait à moins ; il est fort
possible que Jean ignorant des hérédités auxquelles
il se trouvait soumis fût devenu, avec l'âge, un jeune
homme vif, alerte, ne différant en rien des autres.
Et vraiment il faut que le Dr Bertry, « cette célébrité
médicale », soit le plus benêt et le plus sot des médecins pour avoir recours à une méthode de guérison aussi irrationnelle que celle qu'il nous décrit.
Déjà ici se fait donc trop sentir le parti pris de l'auteur ; car, de nous représenter Bertry tantôt comme
un homme de grand talent, tantôt comme un vulgaire niais — et ce pour les besoins de la cause —
cela nous choque et forcément nous fait douter de
l'impartialité de l'écrivain.

Quant à Lucienne, elle ignore le passé, mais, secrétaire de son oncle, elle connaît tous ses travaux et
a une foi absolue en les théories de l'atavisme. En
suite d'un entretien qu'elle vient d'avoir avec un
M. de Maucour, qui faillit l'épouser, mais ne l'osa
faire, « de peur qu'elle ressemblât tout à fait à sa
mère », elle est à même de connaître enfin la tare
indélébile dont elle est frappée. Victimes d'un même
état de choses, courbés sous le joug d'un même malheur, Jean et Lucienne se prennent à s'aimer et dou-
loureusement animés d'un souffle d'espérance, ils
forment de beaux projets d'avenir, des projets de

bonheur où ils s'efforceront de combattre la Destinée cruelle.

JEAN. — Lucienne... ces chaînes... ces chaînes que les morts font peser sur nous... si nous essayions de les briser?

LUCIENNE. — Impossible... nous sommes des prisonniers auxquels l'espérance est défendue...

JEAN. — Il n'est pas de prison dont on ne puisse s'évader... Si vous le voulez, à nous deux nous tenterons l'évasion.

Et Lucienne y consent et opposera, comme le dit poétiquement Jean, « à la science désespérante, les énergies de leur jeunesse et la puissance de leur amour ». Mais il faut le consentement du Dr Bertry, qui le refuse d'abord, mais se voit forcé de céder sur les instances pressantes de son frère, de sa nièce et de Jean.

Il s'agit, maintenant que les deux jeunes gens sont unis, de montrer les conséquences de ce mariage anti-médical. Au deuxième acte, nous apparait un Jean rénové, un Jean gaillard et souriant qui mène la vie d'un « gentleman-farmer » avec une bonne humeur toujours constante. Lucienne, au contraire, s'ennuie. Elle a d'abord joué à la châtelaine rurale, visitant les cultures, s'occupant du potager; elle promettait des réparations à tous les fermiers et Jean a même dû calmer sa générosité dispendieuse. Alors elle s'est subitement désintéressée de tout. Elle s'ennuie! Sa pensée se reporte complaisamment à ses rêves de jeune fille. Elle a soif d'idéal. Son inactivité lui est un fardeau pesant ; et, maussade, nerveuse, elle plie sous le faix d'une solitude inaccoutumée !

Et voilà que le hasard lui envoie une distraction. Paul de Maucour, son premier « flirt », Mᵐᵉ de Maucour, et une mauvaise langue de salon répondant au nom de Mᵐᵉ de Cattenières, viennent lui faire une visite. Lucienne confesse ses ennuis à ces deux dames qui d'ailleurs ne se font pas faute de lui rappeler Paris et ses fêtes ; elles se font surtout un malin plaisir de se moquer de la vie nouvelle que mènent Lucienne et Jean « qu'on avait connu si poétique, si délicat, si éthéré », et qui maintenant « s'entête à se nourrir en cultivateur et empoisonne l'ail ». Et Lucienne se sent faiblir, de cuisants relents d'idéalisme lui montent au cœur ; et, lorsque survient Paul de Maucour, peu s'en faut que, s'abandonnant, elle ne devienne sa maîtresse. Mais Jean arrive à temps pour empêcher la faute ; il remarque leur embarras et, dans une scène de jalousie folle, revenant sur le passé, il agonise Lucienne de soupçons outrageants, et finit par dire que la chose était inévitable et « qu'il aurait dû s'y attendre ».

Le voilà donc, lui aussi, qui semble assurer à Lucienne qu'elle ne saurait rester une femme honnête, une épouse vertueuse, et que toujours (quoi qu'elle fasse) elle sera soumise à l'impitoyable loi de l'hérédité ; fille de Sophie Claret, la courtisane, elle ne saurait éviter la chute honteuse. Et, alors qu'au contraire Lucienne aurait besoin d'un surcroît d'affection, de cajôleries, alors qu'elle traverse une période

de doute et que seul l'amour sans cesse attentif de
son mari pourrait la distraire des pensées désastreuses qui l'assaillent, brutal Jean la met face à
face avec l'inexorable loi formulée par le Dr Bertry : « Ta mère a péché et c'est toi qui seras punie. »
Folle de douleur, abattue par la souffrance, en proie
à l'amertume la plus vive, Lucienne ne veut plus
entendre les paroles de repentir et d'amour que bal-
butie Jean.

Ce deuxième acte est d'une réalité saisissante,
d'une vérité impeccable, d'une sûreté de main ex-
traordinaire. Les caractères de chaque personnage
se développent raisonnablement, logiquement. Jean
qui, le premier, avait espéré une évasion, se sent
évadé ; fort de l'amour qu'il éprouve pour Lucienne,
certain de le savoir payé de retour, il s'abandonne
tout entier au bonheur de vivre, et fatalement tombe
dans un égoïsme voisin de l'indifférence. Il ne remarque pas la tristesse de sa femme, ses retours au
doute, son ennui loin des plaisirs mondains dont
soudain la voilà privée, et partant ne trouve aucune solution pour ramener sa femme à des pensées
plus souriantes et plus gaies. Lucienne continuelle-
ment obsédée par ses nombreuses lectures sur l'atavisme, en proie à la vague et mélancolique nostalgie de toute jeune fille nouvellement mariée, se
croit délaissée par Jean, mais sait néanmoins résister triomphalement à la lâche agression de son
premier amour, son premier rêve de sentimentale
jeune fille.

Sans nul doute il a dû passer dans l'esprit de

l'auteur l'idée d'arrêter là la marche normale de sa comédie, mais doutant que le public n'entrât pas assez complètement dans ses vues, il s'est cru obligé d'imaginer un troisième acte, où nous verrions la vertu de Lucienne, à nouveau aux prises avec les peu scrupuleuses tentatives de M. de Maucour, y résister non moins victorieusement que la première fois. Définitivement sauvée cette fois il appartenait à Lucienne de revenir repentante et chaste à son mari.

Certes, terminer la pièce à la fin de l'acte deuxième, eût été d'un courage et d'une vaillance peu communs, car pour beaucoup c'eût été un dénouement allant à l'encontre de la thèse acceptée par l'auteur : c'était prouver que l'*Evasion* n'est pas possible, qu'elle ne saurait durer ! Et pourtant ! La force de caractère dont Jean fait preuve suffisait à elle seule à détruire les données paradoxales du Dr Bertry ; d'autre part Lucienne n'a pas encore succombé et le spectateur est en droit de conclure comme bon lui semble. Que Lucienne devienne la maîtresse de ce *P*aul de Maucour (comme des esprits inquiets le pourraient supposer), cela ne saurait en rien nous prouver que la raison en soit due à l'hérédité néfaste qui pèse sur elle, mais cette faute ne saurait que faire ressortir plus vivement ce que nous disions plus haut, à savoir que seul l'égoïsme de Jean est cause de la détente morale où se complaît Lucienne.

Mais, incertain de la compréhension du gros public, Brieux a ajouté un troisième acte à sa comédie. Ici nous entrons dans le domaine de l'arbitraire, du

conventionnel et des « moyens de théâtre » habilement ménagés.

Jean et Lucienne sont de retour à Paris, à l'occasion de fêtes données en l'honneur du Dr Bertry.
Paul de Maucour entretient Lucienne de son amour,
la supplie d'y répondre, s'offre corps et âme à sa
future maîtresse. Cependant, en possession d'une
brillante position dans le monde, il ne veut entendre parler ni de fuite à l'étranger, ni même de
rendez-vous trop hasardés. Non ; que Lucienne se
réconcilie avec son mari, lui Paul en fera autant, il
deviendra un habitué de la maison , et les deux
amants pourront ainsi se voir sans donner lieu à
soupçons. Lucienne, écœurée (on le serait à moins),
bondit sous l'outrage, se cabre sous l'insulte et
se refuse à Mancour qui la poursuit et va la sai-
sir, lorsqu'elle appelle Jean à son secours. Jean
apparaît à temps, ordonne au lâche séducteur de
quitter les lieux, presse sur son cœur Lucienne qui
s'écrie : « Ah! ça!... est-ce que je serais une honnête
femme, tout de même ! »

Mais un dernier doute lui reste. Les dires du
Dr Bertry ? « Et leur science ? » Bah ! tout s'arrange,
car, à l'instant, entrent M. Bertry (le père de Lucienne) et un domestique, soutenant chacun d'un
côté le Dr Bertry, très pâle, pouvant à peine marcher. Notre grand docteur est en proie à une crise
(la dernière peut-être) du terrible mal qui depuis
longtemps le terrasse. Il pleure et il geint, ce pauvre
Dr Bertry, et proclame la faillite de la science :

« La science ! la science ! la science !... Ah ! ah !

On s'imagine savoir des millions de choses !... On veut formuler les lois de la vie... et l'on assiste impuissant à sa propre agonie !... Nous ne comprenons rien à tout ce qui se passe autour de nous, rien à ce qui se passe en nous... Voulez-vous que je vous dise ? Nous ne savons rien, rien, rien !... Nous n'avons rien trouvé... que des mots ! »

Il ne lui reste plus après cela qu'à demander pardon aux deux enfants dont il a failli causer le malheur par ses théories sur l'atavisme. Il le fait ; mais à peine est-il à nouveau maître de lui, que, calmé, il répète le discours que, dans un instant, il va prononcer devant ses collègues :

« Messieurs et chers collègues, la souveraineté de la science... »

A l'écart, Jean et Lucienne parlent d'amour et d'espérance.

Autant le deuxième acte était vibrant d'émotion vraie et de réalité vécue, autant ce dernier acte est fait de non-sens et d'irréalités. Et d'abord la conversation entre Lucienne et Paul de Maucour ! Il s'en faut de si peu pour que Lucienne transportée d'amour se jette dans les bras du galant Lovelace ! Si seulement celui-ci savait un peu mieux faire usage de trompe-l'œil et de promesses fallacieuses, et Lucienne abandonnerait tout pour le suivre ! Mais il n'en est pas ainsi, parce que de Maucour est ou un goujat ou un trop grand ami de la vérité (nous croyons que le premier terme convient mieux au personnage). Si bien que lorsque Lucienne s'écrie : « Ah ! ça ! est-ce que je serais une honnête femme, tout de même ! » on est tenté de lui répliquer, à moins qu'on ne soit Jean, que si, en fait, elle est « honnête femme », il n'y va pas de sa faute; qu'en réalité, elle n'est qu'une désillusionnée qui revient à son mari, parce qu'elle n'a pas trouvé mieux. Mais ne soyons pas trop sévère à l'égard de Lucienne; souvenons-nous qu'elle est un personnage de Brieux et que cet auteur n'est que rarement arrivé à mettre d'accord la psychologie de ses personnages avec les nécessités des arrangements scéniques de ses pièces.

Et puis l'arrivée inopinée, mais juste à temps, de Jean, nous rappelle trop le théâtre et ses conventions; après, c'est la crise du Dr Bertry; c'est son orgueil abattu qui lui fait reconnaître l'inanité des lois scientifiques. C'est beaucoup de choses, vraiment, pour un seul acte, et l'auteur peut se vanter d'avoir été très fort dans « l'art des préparations ». Trop fort, hélas !

La pièce en elle-même, comme toute pièce à thèse, pèche par la base. En admettant, oh ! pour un seul instant ! que la psychologie des personnages fût excessivement juste, que Lucienne et Jean à force de volonté eussent été à même de s'évader, que peut prouver cet exemple ? Rien, si ce n'est qu'un cas particulier n'est pas un cas général, ce que sans doute on savait déjà.

Mais M. Brieux complique terriblement les choses : il ne se contente pas d'un dégénéré, il en prend deux : l'un fils d'un dément, l'autre fille d'une drôlesse! Bientôt il est forcé de laisser le premier de côté pour s'oc-

cuper exclusivement du deuxième: dès le commencement du deuxième acte, Jean est considéré comme
n'étant plus dégénéré. Reste à faire la guérison de
Lucienne. Mais là encore rien ne vient péremptoire-
ment nous prouver qu'elle soit réellement entachée
d'une hérédité pernicieuse, si ce n'est ses dires.
Elle ne se conduit pas comme une dégénérée; ses
propos, lorsqu'ils sont légers, le sont moins que
ceux de Mmes de Cattenières et de Longuyon; son
ennui, au bout de six mois de mariage, ne semble
pas provenir d'un mal atavique, mais du peu d'at-
tentions qu'a pour elle son mari. Son ennui s'explique sans l'hérédité. Songez que le brave Jean, toujours en courses, ne s'occupe pas plus d'elle que si
elle n'existait pas, et ne lui laisse en fait de joujoux
que la *Vigie de Dieppe* et le *Progrès agricole!* Pas
n'est besoin d'être la fille de Sophie Claret pour
trouver la pâture maigre : « la fille d'une sainte aurait faim d'un autre aliment [1]. »

Sa faiblesse dans ses relations avec de Mancour ?
Elle l'a aimé jeune fille et, dans ses moments de
rêveries, s'en souvient; combien d'autres jeunes
femmes, aux origines pures, non soumises aux lois
de l'hérédité, se laisseraient entraîner plus résolu-
lument et plus avant ! Et enfin sa révolte dernière ne
provient pas de ce que Lucienne croit redevenir une
honnête femme, mais de ce qu'elle l'a toujours été.

Que reste-t-il des lois de l'atavisme dans l'*Evasion?* Jean considéré aussitôt comme guéri, Lucienne

---

[1] E. de Saint-Auban, *L'Idée sociale au théâtre.*

n'étant nullement dégénérée ou du moins n'agissant nullement sous l'action d'une dégénérescence quelconque, mais plutôt sous le coup d'une suggestion et d'une obsession provenant des lectures qu'elle a faites et du milieu où elle vit, que reste-t-il, répétons-nous, de la comédie de M. Brieux ? M. Jules Lemaitre s'est chargé de nous le dire :

« Ce qui est excellent dans la pièce de M. Brieux, c'est le cadre, c'est la partie satirique... Je crois que c'est la plus franche et la plus vivante satire qu'on ait faite de la médecine et des médecins, depuis Molière [1]. »

C'est qu'aussi les médecins sont diantrement malmenés dans les personnages des Drs Bertry et La Belleuse. Bertry, c'est le docteur pontifiant, érigeant, par pur snobisme et par goût de jouer au monsieur important, ses doctrines en une nouvelle religion, dont il serait un des grands-prêtres. Il en impose aux badauds et les gens de bonne foi se laissent prendre à ses gestes larges, à sa parole bénissante, à son air pompeux. Il touche à la gredinerie la plus vile, lorsqu'ayant proclamé il y a un instant, en un moment où la crainte de mourir l'avait acculé à la sincérité, les méfaits de ses théories il va, revenu à la vie, reprendre le cours de ses mensongères doctrines.

Il nous serait facile d'accuser M. Brieux de parti pris et d'exagération et lui faire toucher du doigt le hasardé de ses portraits et de ses assertions. Mais d'autres que nous l'ont déjà fait.

[1] J. Lemaitre, *Impressions de théâtre*, t. 10.

A côté du Dr Bertry, s'esquisse très finement la figure du médecin des salons et des belles dames, coquet et bien fait, du médecin arriviste, en un mot du D^r La Belleuse. Et puis il y a aussi Morienval à qui son père a dit : « Fais-toi toujours avocat ou médecin ; si ça ne te réussit pas, il sera toujours temps d'entrer dans la politique., » Autant le portrait du Dr Bertry était chargé, autant La Belleuse et Morienval sont pris sur le vif.

Il est vrai d'ajouter qu'à côté de ces médecins d'alcôve ou de politique, M. Brieux nous a présenté le Dr Richon, le brave Dr Richon, qui soigne ses malades pauvres gratuitement, qui les aime et les console, et voit dans sa profession un moyen de lénifier nos douleurs, de mitiger nos souffrances. Mais pourquoi, diable, M. Richon n'est-il que médecin de campagne [1] ?

M. Lemaitre regrette que Brieux n'ait pas accru sa collection de médecins d'un médecin par dilettantisme, certain qu'il est de l'existence de ceux-là. Un autre genre de médecins manquait aussi: le médecin légiste et le médecin aliéniste ; cette lacune n'allait

---

[1] Déjà une fois la question de l'hérédité s'était trouvée posée sur le théâtre français, lors de la représentation de l'*Obstacle*, de A. Daudet. Il s'agit ici de l'hérédité matérielle. Le père de Didier est mort fou. L'ayant appris, Didier n'ose songer à se marier, bien qu'aimant follement une jeune fille, de peur de faire le malheur de toute une famille. A la fin, il apprend ce qu'il aurait pu apprendre au commencement, à savoir que lui Didier était âgé de deux ans lorsque son père fut atteint de sa première attaque. Indemne, il peut donc épouser celle qu'il aime. Ce qui a lieu.

pas tarder à être comblée quelques années plus tard par M. Bruyère dans sa comédie *En Paix*.

Si nous voulions suivre l'ordre purement chronologique, il serait temps d'étudier ici *La Nouvelle Idole*, le drame si poignant dû à M. de Curel, drame dans lequel se trouvent aux prises la Foi et la Science. Mais nous nous réservons de nous occuper de cette œuvre maîtresse à la fin de ce chapitre, car elle marque pour ainsi dire le couronnement de la campagne entreprise par nos dramaturges pour rendre le théâtre témoin des luttes engagées entre les partisans de la science et ses détracteurs.

M. Varambault est à la tête d'une très importante maison de commerce, dans laquelle nous sommes introduits dès le premier acte de la comédie de M. Bruyère. Nous assistons à des allées et venues continuelles ; nous sommes quelque peu ahuris par les ordres et contre-ordres qui, à chaque instant, s'y donnent et nous nous demandons quel peut bien être la cause de ce remue-ménage. Enfin, nous l'apprenons. Le patron (donc Varambault) vient, par une dépêche, d'annoncer son retour imminent et comme il n'est pas des plus tendres, il s'agit que tout soit en ordre à son arrivée. Il revient de faire une cure et s'est un peu reposé de ses fatigues, laissant le soin de gérer ses affaires à son gendre, Raoul Mériel. A son retour, il entre bientôt dans une violente colère en retrouvant ses bureaux sens dessus dessous. La caisse a été mise au pillage par son peu scrupuleux beau-fils. Aussi ne manque-t-il pas de lui sauter à la gorge, de le sommer de rembourser, sinon il le

menace de la Cour d'assises.. Mériel et sa femme
Mathilde ne savent comment faire pour empêcher
une catastrophe. Le père de Mériel, ancien médecin,
trouve un expédient : que Varambault soit empêché
d'être remis à la tête des affaires et ainsi Mériel ne
sera pas inquiété. Pour ce, il faut le persuader qu'il
a besoin d'un repos urgent et le faire entrer dans
une maison de santé. Un télégramme vient d'être
envoyé au très célèbre médecin aliéniste Collas qui
possède en province un asile d'aliénés. Mais en cette
qualité il n'ose pas, d'après la loi, signer le certificat
nécessaire pour que Varambault puisse être interné
chez lui. Mais un médecin quelconque, grassement
rétribué, consent à faire le certificat exigé par la
Préfecture. Outre cela il faut une requête signée du
malade et de ses parents. Varambault signe le
papier, anéanti, épuisé par les événements déroulés. L'ainée de ses filles, toutefois, dont il a toujours
méconnu l'affection au profit de la cadette, femme de
Mériel, refuse d'apposer sa signature. Sa sœur signe
à sa place. Varambault est admis dans la maison de
santé du Dr Collas.

Le troisième acte nous montre le salon commun
des pensionnaires de l'établissement :

« Un général cravaté de rouge, sacre, peste, ressasse qu'il ne doit son grade qu'au maréchal, s'emporte contre des contradicteurs imaginaires. Un
musicien, extasié devant le piano, ne se fatigue
jamais d'enfoncer, du même doigt toujours raidi, la
même touche.... Un ingénieur ne se lasse pas d'agiter une manivelle, qui, sans doute, donnera le bon-

heur à l'humanité. Seul, assis à la salle centrale, serein parmi les agités, un homme lit, dédaigneux, impassible : c'est l'*abbé* qui jouit de sa pleine raison et qu'un puissant intérêt séquestra. Cerveau plus fort que les détresses, à lui-même il jura de ne pas devenir fou ; et il tient son serment : lucide, il défie le destin. Il conte le drame de son internement à Varambault, dont les yeux ne sont pas encore dessillés et qui se croit un reclus volontaire, un peu surpris, seulement du choix qu'on fit pour lui d'un tel endroit, décidé à le fuir au plus tôt. L'abbé l'écoute et sourit... [1] »

Et alors Varambault qui se croit pensionnaire libre prend peur. Il veut sortir, il ordonne ; mais en vain, et son frère Pierre qui veut le délivrer en est empêché par l'adresse et la duplicité de Collas. Le temps passe. Varambault a vieilli et sent sa raison s'égarer de plus en plus. Des gardiens provoqueront ses colères, troubleront son sommeil, oseront même jusqu'à outrager l'affection paternelle de Varambault à l'égard de sa fille Lucie. Et si Varambault, à bout de patience, bondit sur ses bourreaux, on lui mettra la camisole de force et on le consignera sur le registre comme fou furieux.

Une plainte a été déposée au parquet par Pierre Varambault et sa nièce ; les journaux s'occupent de l'affaire, une instruction s'ouvre. Varambault est tout d'abord examiné par un médecin légiste, le Dr Raular qui, sur les insinuations perfides de Col-

---

[1] E. de Saint-Auban, *L'Idée sociale au théâtre.*

las, ne se rend pas compte qu'il a devant lui une victime. Il dépose donc un rapport défavorable au parquet. Deux magistrats, désignés pour interroger Varambault, se rendent chez le Dr Collas qui fait sonner très haut son « honorabilité professionnelle » jusqu'à ce jour intacte. De plus, il prie les juges instructeurs de poser à Varambault une question sur Lucie, sa fille aînée.

L'interrogatoire a lieu. Varambault, accablé, sous le coup d'une dépression morale intense, ne répond mot aux enquêteurs. Ceux-ci pourtant arrivent à la conviction que le malheureux n'est nullement fou. Par acquit de conscience, ils lui posent toutefois la question relative à Lucie. Varambault qui croit y voir le renouvellement de l'angoissante insulte, se jette sur le juge, le prend à la gorge et l'étranglerait si on ne lui passait aussitôt la camisole de force.

Et les enquêteurs s'en vont accompagnés de Collas qui leur reproche leur démarche ; souriant, il leur dit : « Hélas ! Messieurs, vous étiez prévenus ? Voyez-vous le mieux, encore, est de laisser les fous *en paix...* »

Et pour toujours, Varambault sera laissé «en paix».

A voir résumé cette pièce est l'avoir jugée. L'auteur y attaque avec une rare audace les défectuosités dont est entaché le régime qu'on fait subir aux pensionnaires d'un asile d'aliénés ; de plus, il rend le législateur attentif à cet état de choses et fait de son mieux pour lui rappeler les lacunes de la loi qui régit encore à présent ce monde spécial.

Des contradicteurs ont pu se lever et tâcher de

renverser l'édifice bâti par M. Bruyère, en contes-
tant la vérité du caractère du Dʳ Collas. Pourquoi
ont-ils dit, un homme riche, honoré, tel le Dʳ Collas,
se lancerait-il dans une aventure aussi épineuse et
pour ainsi dire de gaieté de cœur ? Au premier instant — est-il besoin d'y insister ? — le Dʳ Collas
peut très bien ignorer la gravité du cas Varambault ;
d'autre part, par déformation professionnelle, il peut
de bonne foi croire en la maladie du client qu'on lui
amène ; et s'il arrive un jour à reconnaître son erreur
il pourra, mettant l'amour-propre au-dessus de la
morale la plus élémentaire, laisser interné le pauvre
homme qu'on a confié à sa garde. Ce qu'il y a de certain, c'est qu'outré ou non que soit le portrait moral
du Dʳ Collas, il n'existe pas mal de Varambaults.
A tout instant, les journaux nous relatent la douloureuse odyssée d'un individu quelconque qui, gênant
aux siens, a été sur leur demande interné dans une
maison d'aliénés. Il est temps que ce triste état de
choses prenne fin et à ce seul point de vue déjà la
pièce de M. Bruyère, si vivante en son pessimisme
voulu, mérite à tous égards l'attention du public et
même son approbation entière.

Par *Le Baillon*, MM. C. Le Senne et A. Meyer
touchent aussi à la question médicale ; ce baillon
n'est autre que le secret professionnel. D'après les
auteurs de cette comédie le médecin en certains cas
en devrait être délivré.

Et pour le prouver, ils donnent l'exemple suivant :
Une jeune fille, atteinte de tuberculose, va se marier.
Le fiancé s'en réfère au Dʳ Châtelain pour connaître

l'état de santé de sa future femme. Le médecin ne répond que vaguement. Le mariage a lieu. Au bout d'un an, Marthe, tombée malade est reconnue phtisique. Elle meurt laissant deux familles en deuil. La responsabilité du Dr Châtelain est très grande ; d'un mot il pouvait éviter au mari et à sa famille la douleur survenue.

*P*our simpliste que soit cette donnée, elle n'en pèche pas moins par la base. Si dans le cas particulier le Dr Châtelain en dévoilant toute la vérité eût évité des chagrins cruels à certaines personnes, s'il eût eu raison de rejeter le baillon qui lui imposait un silence complet, dans combien d'autres cas un médecin ne peut-il répondre avec sûreté de l'avenir ? Et si parmi les disciples d'Esculape il s'en trouvait de déshonnêtes, que de secrets seraient dévoilés, que de chantages commis !

Non, il est une seule solution au problème posé par les auteurs du *Baillon,* et M. Brieux nous la donne dans ses *Avariés,* une de ses œuvres qui ont fait le plus de bruit. Faisant s'entretenir un médecin et un beau-père dont la fille fut contaminée par son mari, il dit : « Lorsqu'il a été question du mariage de votre fille, vous vous êtes certainement informé de l'état de fortune de votre futur gendre ; vous avez demandé qu'on établisse devant vous que son apport était constitué par de bonnes valeurs, vous avez aussi pris des renseignements sur sa moralité ; vous n'avez oublié qu'un point, le plus important, c'est de lui demander s'il était en bonne santé. Vous ne l'avez pas fait ?

LE BEAU-PÈRE. — Non.

LE DOCTEUR. — Pourquoi ?

LE BEAU-PÈRE. — Parce que ce n'est pas l'usage.

LE DOCTEUR. — Eh bien, il faudrait que cela devînt l'usage et qu'un père de famille avant de donner sa fille à un homme prît autant de précautions qu'une administration qui accepte un employé... La coutume s'établirait bien vite pour un fiancé de joindre à toutes les paperasses qu'on lui demande, un certificat de médecin, une patente nette attestant qu'il n'a pas à subir de quarantaine et qu'on peut l'accueillir dans une famille sans avoir à redouter d'accueillir la peste avec lui... »

Mais les certificats de médecins à l'usage des fiancés ne sont pour l'instant pas encore entrés dans nos mœurs, ce qui en somme est fort regrettable, car ils seraient des préservatifs certains de bien des infortunes, de bien des malheurs !

Nous voilà arrivé à la *Nouvelle Idole* à condition toutefois de citer en passant une comédie de la plus belle venue, à haute tenue littéraire qui nous montre l'humanité se débattant entre ses instincts, ses impulsions naturelles et ses idées, ses conceptions de justice. Le proto-type de l'humanité nous est représenté comme un médecin. Jean Bernou, déjà pris d'âge, a épousé une jeune fille, élevée et recueillie par lui. Devenue sa femme, Cécile se sent attirée près d'un autre, prise de sympathie pour ses souffrances tant physiques que morales. Lucien d'Arteuil en effet est très malade et un soir qu'il rend visite à Cécile, il s'évanouit sous le coup d'un malaise subit. Seul Jean Bernou le peut sauver ; Jean Bernou qui vient d'apprendre la trahison de sa compagne et brûle de se venger. Alors s'engage une lutte homérique entre son devoir de médecin et ses instincts d'homme. Le médecin l'emporte : Lucien d'Arteuil sera sauvé d'une mort certaine... Dans cette comédie si vibrante d'émotion, M. Henri Kistemæckers a su déployer un rare talent au service d'une très noble cause.

Ainsi le médecin qui, dans l'*Evasion*, était paré de défauts tous plus laids les uns que les autres, se voit dans l'*Instinct* représenter un type de bonne et grande humanité. L'auteur de l'*Evasion* lui-même en créant le personnage si sympathique qu'est le médecin des *Avariés* a sans doute voulu se départir de sa rigueur première et de son ardeur à la lutte, ardeur faite de jeunesse, de bonne foi et de combativité !

Il nous reste maintenant à parler de la pièce de M. F. de Curel. Deux forces sont en présence : d'un côté la Science avec le savant docteur Albert Donnat, d'un autre la Foi représentée sous les traits de la future sœur de charité que sera Antoinette Milat, l'héroïne de la *Nouvelle Idole*. En réalité cette idole qui tient à remplacer celle des anciens ou même des crédules de ce jour, n'est pas plus heureuse que le furent les fétiches : elle s'en va croulant de tout côté.

*P*rêtre fanatique de cette idole nouvelle, Albert Donnat n'a pas reculé devant des crimes certains pour consolider sa foi en son idéal. On lui reproche d'avoir inoculé le cancer à certains de ses malades. La chose n'est que trop vraie : cherchant depuis de longues années une guérison à cette douloureuse maladie, il est sur le point de la trouver. Mais il lui faut opérer sur des corps humains s'il veut être certain du suc- cès.. Or il arrive qu'on amène en sa clinique beau- coup de malades que la science a condamnés. Il croit de bonne foi servir la cause de l'humanité : il explique avec ferveur son cas à un de ses disciples, Maurice Cormier : « Il y en a parmi nous, lui dit-il, pour qui la science tourne en religion. Ils ont proclamé que Dieu n'existe pas, que l'âme est une résultante, et les voilà plus croyants, plus fidèles, plus agenouillés que le capucin le plus pieux. La science ordonne : nous expirons avec l'enthousiasme des martyrs, ou égorgeons avec la cruelle soumission des dévots ». En réalité Albert Donnat est un fanatique, un mys- tique à rebours ; bientôt il va se trouver aux prises avec un autre mysticisme tout aussi ferme que le sien, mais adouci par le tempérament alangui d'An- toinette Milat. Cette dernière, orpheline, a été recueillie par des sœurs de charité : son éducation est purement religieuse, son instruction nulle. Phti- sique à l'extrême, pensionnaire de la clinique du Dr Donnat, elle devient un sujet d'opération pour le grand médecin. Puisque condamnée elle ne saurait échapper à une mort certaine, qu'elle serve au moins à la science. Donnat lui inocule le virus du can- cer et Antoinette, calme, le laisse faire. Un miracle se produit ; la jeune poitrinaire renaît à la vie : plus rien ne s'opposerait à sa guérison ; plus rien, n'était la maladie que Donnat lui a inoculée, maladie qui, elle, ne pardonne pas. Voici donc Donnat criminel. La presse par insinuations adroitement lancées n'entend pas laisser la chose inconnue du grand public : d'ici quelques jours Donnat sera un inculpé et la justice aura à s'occuper de son cas. Mais ce qui importe surtout au savant, c'est d'obtenir le pardon de sa victime ; lui-même s'est chargé de sa punition, elle est terrible. Ecoutez-la :

« ...Je disais qu'au moment de me faire sauter la cervelle, une curiosité folle d'arriver au bout de mon travail avait seule pu me retenir... J'ai travaillé ! (tirant un papier de son portefeuille). Voici une note à joindre aux documents que je vous ai remis (il lit à haute voix) :

» 28 octobre. — Homme de 43 ans, vigoureux, parfaitement sain. Aucune hérédité morbide. A quatre heures du matin, inoculation de dix centigrammes de virus n° 2 à trois centimètres sous le sein droit. A quatre heures cinquante, léger accès de fièvre, avec frisson et nausée... »

Cet homme, dans la force de l'âge, à qui Donnat a imposé une mort si cruelle, cet homme c'est lui-même ; c'est lui, Donnat, qui sait « qu'avant d'être emporté par une atroce agonie, il se verra tomber en pourriture ».

L'entrevue entre Donnat et Antoinette est extrêmement émouvante ; la jeune fille a compris l'intention du praticien : elle le conjure, — trop tard, d'ailleurs, — de ne pas y donner suite.

« Vous parlez comme un criminel ; c'est seulement si vous n'achevez pas vos travaux que vous le serez !... Vous êtes fait pour étudier... »

Il tarde à Antoinette de mourir « pour le genre humain », heureuse de pouvoir, par son agonie, abréger la douleur de ses semblables. Quant à Donnat, il salue en cette enfant l'autre « foi qui sauve », mais jusqu'au dernier instant il ne veut démentir ses opinions antireligieuses. Et la pièce s'achève nous laissant sur une impression de beauté... et malheureusement de doute ! L'auteur, malgré sa tendance à magnifier l'acte héroïque d'Antoinette Milat, a tenu presque balance égale entre les deux doctrines et notre esprit ne sait que résoudre, ne sait s'il doit admirer davantage l'enfant mort pour sa croyance religieuse ou l'homme victime de ses croyances philosophiques.

CHAPITRE VII

La magistrature au théâtre.

Pièces	Auteurs	Dates.
La Conscience de l'enfant. . .	G. DEVORE.	1899
La Robe rouge .	E. BRIEUX.	1900
L'article 330. .	G. COURTELINE.	1900
L'Enquête. . .	G. HENRIOT.	1903
Mineure . . .	J. JULLIEN.	1903
Crainquebille .	A. FRANCE.	1904
Les Experts . .	A. BENIÈRES.	1905
La Loi de Pardon	M. LANDAY.	1905

La magistrature, en tant que corps social organisé, n'échappa point aux critiques de nos dramaturges. Si dans le *Mariage de Figaro*, Beaumarchais déjà avait attaqué le magistrat en en faisant un Brid'oison, ami de la forme, si dans *Maître Guérin*, Emile Augier créait un type inoubliable par sa sécheresse de caractère et sa dureté de cœur et en faisait un serviteur de la Loi, si Henri Becque dans les *Corbeaux*, en une satire virulente, en voulait à mort aux hommes de loi, nos dramaturges contemporains reprirent avec éclat cette tradition de lutte contre les abus d'autorité que commettent certains hommes sous le couvert du Code, leur bible à eux.

D'aucuns, comme Gaston Devore dans la *Conscience de l'Enfant*, comme Brieux dans la *Robe rouge*, comme G. Henriot dans l'*Enquête* ou Jean Jullien dans *Mineure*, s'en prirent non aux lois, mais à leurs interprètes, qui les uns ne sont pas dignes de l'être, ou qui, les autres, par vice professionnel se sont faits un principe de ne voir partout que des coupables et se trompent de bonne foi. Courteline en son ironie si fine, si mordante, A. Bénières et M. Landay en leur conviction de juvéniles apôtres, Anatole France en son scepticisme aristocratique, tentèrent de voir derrière le Juge, la Loi ou l'Etat social, et alors ce furent des comédies spirituellement satiriques, telles *L'article 330, Le commissaire est bon enfant*, ou des prêches sociaux, tels *Les Experts* ou *La Loi de Pardon*, ou enfin des satires de la société actuelle dues à la plume d'un O. Mirbeau (*Le Portefeuille*) ou de l'auteur de *Crainquebille*.

Nous n'insisterons pas longuement sur la comédie de M. Gaston Devore ; nous assistons aux ravages que peuvent causer dans une famille, la culture trop exclusive du Code, la déformation professionnelle d'un vieux magistrat. Le caractère du juge retraité Cauvelin se ressent trop de l'empreinte à lui laissée par une vie passée à juger et à condamner ses semblables. Aussi est-il heureux, à la première occasion venue, de se retrouver dans son élément. Sans égards pour sa fille, pour son gendre et leur enfant, il juge, il condamne, il exécute. Ses sentences sont faites de rudesse et de haine. Aussi, malgré ses principes, ses lois et ses codes, nous ne saurions être de son côté, et notre sympathie est acquise au coupable, à Montret, brasseur d'affaires plus ou moins délicates, mais qui du moins a le sentiment de la famille et de l'affection pour les siens.

La *Robe rouge* est de ces pièces universellement connues ; elle le mérite d'ailleurs. D'une facture conforme à la vie de tous les jours, d'une intensité, d'une force peu communes, d'une combativité ardente, elle est une des plus vaillantes expressions du talent de son auteur.

Un crime a été commis, et le juge d'instruction Mouzon, chargé d'en découvrir l'auteur, vient déjà de faire arrêter un nommé Etchepare, qu'il soupçonne sans aucune raison d'ailleurs. Il base ses présomptions sur ce qu'Etchepare à déjà subi l'une ou l'autre condamnation et qu'il se trouvait être en mésintelligence avec la victime du crime, à qui d'ailleurs il devait une forte somme. Partant de l'axiome : cherchez à qui le crime profite, Mouzon est persuadé de la culpabilité d'Etchepare. Et dès ce moment ce ne seront plus pour ce pauvre diable que questions insidieuses, tourments de chaque instant : on va même jusqu'à lui apprendre que sa femme en qui il avait mis toute son affection a commis une faute avant son mariage, et que lui, Etchepare, ne fut pas le seul à goûter les charmes de Yanetta. Après avoir enfin bénéficié d'un acquittement, le voilà libre, mais sous le coup d'une tristesse mortelle; il repousse sa femme qui veut venir à lui, et celle-ci venge son bonheur perdu sur la personne du juge Mouzon, en le frappant à mort.

Telle est la comédie de Brieux qui jette une lumière toute nouvelle sur les agissements de la justice. Elle nous dépeint ce monde avec une puissance, une violence vraiment frappantes. Nous y voyons toutes les catégories de juges, de l'arriviste au juge intègre, du procédurier à celui qui juge d'après sa conscience.

En réalité, ce ne sont pas les juges qui sont visés dans la *Robe rouge*, mais bien la loi; ainsi Mouzon ne nous est pas donné comme étant de mauvaise foi; il n'est pas mauvais, mais il ne fait que suivre l'ordre naturel en voyant un accusé en chaque inculpé, en chaque accusé un coupable. Certes, il est aussi des juges non méritants et M. J. Jullien nous en donne un spécimen dans une pièce en un acte intitulée *Mineure*. Il s'agit de la « traite des blanches ». Plusieurs inculpées comparaissent devant le juge d'instruction Ménadier. L'une d'elles, une jeune fille, Maria Verteau, explique son cas au juge. Elle raconte, que, raccolée par son co-inculpé Chaplin, conduite en une maison mal famée, elle y a été là en butte aux mauvais traitements d'un homme déjà âgé. Ménadier qui se fait tout raconter, sans omettre le moindre détail, Ménadier pontifie :

« Ne vous désespérez pas, mon enfant, vous avez été victime d'un crime odieux ; mais n'en doutez pas, le coupable sera sévèrement puni et vous serez vengée. La société vous doit une réparation, la justice vous la donnera... »

Et alors il fait introduire une série d'individus trouvés en flagrant délit dans une maison close. A peine le premier d'entre eux a-t-il tendu sa carte au juge d'instruction que celui-ci, obséquieux, le reconduit et le prie de l'excuser : il n'a pas eu connaissance de la convocation, sinon il s'y serait opposé. Il en est de même pour le second. Mais le troisième a le malheur de s'excuser : il s'en veut d'être allé dans un lieu de prostitution, aussitôt le juge fond sur lui comme un oiseau de proie. Le pauvre homme en sera pour la contravention. Mais jusqu'à présent Maria Verteau n'a pas encore reconnu son séducteur, lorsque par une porte latérale entre le président Sombrenon. En ce moment, la jeune fille se lève et, s'approchant du président, s'écrie : « Mais, monsieur le juge, c'est ce vieux-là ?» Et lorsqu'elle persiste à voir en lui son initiateur au vice, Ménadier lui reproche sa conduite indigne, l'accable d'injures et finalement l'envoie à Saint-Lazare, alors que juge et président avec un ensemble parfait lèvent les bras au ciel, en murmurant : « Où allons-nous ?... où allons-nous ?... »

Si la magistrature dans *Mineure* est flétrie en l'un de ses représentants, dans l'*Enquête*, de M. Henriot, nous avons affaire avec un juge d'instruction d'une honorabilité non douteuse, qui cependant dans une instruction qui lui est confiée fait lourdement peser sur un paisible citoyen une accusation d'assassinat. Or il arrive que cet assassin qu'il recherche, c'est lui-même, qui dans une attaque d'épilepsie a frappé involontairement son compagnon. Une fois revenu à lui, de bonne foi, le juge ne se souvient plus de rien, « le caractère fondamental des attaques d'épilepsie étant l'absence de tout souvenir ».

Il nous reste à citer certaines pièces où seule la loi est mise en cause. Pour beaucoup de personnes, le *Portefeuille*, d'Octave Mirbeau, n'est pas inconnu. Jean Guenille trouve un portefeuille bourré de papiers et de billets de banque. Mais comme notre vagabond, car Jean est un vagabond, est profondément honnête, il va restituer sa trouvaille au plus prochain commissariat de police. Le commissaire félicite l'honnête Jean Guenille de sa bonne action, le couvre de louanges, mais lorsqu'il veut prendre note du nom et de la demeure du pauvre homme qui comparaît devant lui, ne le voilà-t-il point forcé de lui dresser un procès-verbal pour vagabondage, Jean Guenille étant sans domicile connu.

Le *Crainquebille*, d'Anatole France, est tout aussi connu. Marchand des quatre-saisons, il se met en contravention avec les règlements de la police des rues en séjournant un peu trop longtemps au même endroit. Il est rudoyé par un agent, qui, non content de le brusquer, l'accuse d'avoir proféré un mot ordurier à l'égard du représentant de la force publique. Et bien que différents témoins, tous d'une honorabilité très grande, viennent démentir l'affirmation de l'agent, Crainquebille est condamné, la parole de son accusateur prévalant sur d'autres.

Tout dernièrement un jeune auteur dont le talent grandit chaque jour, M. Maurice Landay, faisait un éloquent appel aux législateurs en préconisant avec force la « loi de pardon », due à M. Magnaud. Le titre de la comédie de M. Landay, *La loi de Pardon*, est directement inspiré par le projet de loi du président du tribunal de Château-Thierry. En voici la fable : Un jeune homme de vingt ans, *Paul* Mériex, vole dans la caisse de son patron mille francs pour payer les frais d'accouchement de sa maîtresse. Celle-ci meurt des suites de l'opération. Le vol ne reste pas caché et *Paul* est condamné à un an de prison. Il purge sa peine. Devenu soldat, il est, sur la foi de son casier judiciaire, envoyé aux compagnies disciplinaires. Libéré, il cherche une place à Paris, mais toujours son passé le suit; et il ne trouverait pas à gagner sa vie s'il n'était recueilli par un certain Lérault, candidat à la députation, et qui cherche en Mériex une réclame vivante de son pseudo-attachement aux idées nouvelles. Ce Lérault a une fille, Berthe, qui par pitié, puis par affection pour Mériex, donne son cœur au jeune homme. Elle avoue son amour à son père qui entre dans une colère violente et chasse de chez lui *Paul* Mériex et sa fille Berthe. Celle-ci est prête à accompagner l'élu de son cœur, mais Paul refuse le sacrifice que veut s'imposer Berthe et se suicide, mettant fin à sa vie gâchée à toujours par une folie d'une seconde. Et ce plaidoyer vivant, d'émotion vraie, en faveur de la loi de pardon, ne saurait nous laisser indifférent. Avec M. Magnaud, l'initiateur de ce mouvement généreux, avec M. Maurice Landay, l'heureux auteur de *La Loi de Pardon*, nous trouvons qu'il est temps qu'il entre dans nos mœurs un peu plus d'équité, dût la justice en souffrir.

Et nous ne saurions qu'approuver M. Magnaud lorsqu'il exprime le vœu « d'obtenir une loi établissant que tout individu qui commet un premier délit de vol, motivé par une cause puissante : la misère, la passion, etc..., comparaisse devant un tribunal qui recherche les antécédents de l'accusé ; et s'il s'est toujours bien conduit, avant cette première faute, l'acquitte purement et simplement... sans lui octroyer pour cela un casier judiciaire. Ce casier judiciaire, il ne peut l'avoir qu'après récidive[1]... »

Nous avons déjà, un peu partout, la loi Bérenger, à quand la loi Magnaud ?

Et si, pour terminer ce chapitre sur la magistrature, on désire la note comique, on la trouvera chez Courteline, dans son *Article 330;* rarement on se sera moqué de nos magistrats avec autant de désinvolture, avec autant de verve. Il suffit de relire les nombreux considérants qui accompagnent le jugement condamnant ce très spirituel et très amusant La Brige ; écoutez plutôt :

« Attendu qu'il n'est rien au monde de plus complètement sacré, de plus parfaitement inviolable,

[1] Président Magnaud. Interview du *Gil Blas.*

que la maison du prochain ; que Cicéron promulgue cette vérité première...

» Mais d'autre part,

» Considérant que la Loi, en dépit de ses lâchetés, traîtrises, perfidies, infamies et autres imperfections, n'est cependant pas faite pour que le justiciable en démontre l'absurdité ; attendu que s'il en est, lui, personnellement dégoûté, ce n'est pas une raison suffisante pour qu'il en dégoûte les autres...

» Considérant qu'à priori un gredin qui tourne la Loi est moins à craindre en son action qu'un homme de bien qui la discute avec sagesse et clairvoyance...

» Considérant qu'en France, comme d'ailleurs dans tous les pays où sévit le bienfait de la civilisation, il y a en effet deux espèces de « droits » : le bon droit et le droit légal ; et que ce modus vivendi oblige les magistrats à avoir deux consciences : l'une au service de leur devoir, l'autre au service de leurs fonctions ;

» Considérant, enfin, que si les juges se mettent à donner gain de cause à tous les gens qui ont raison, on ne sait plus où l'on va, si ce n'est à la dislocation d'une société qui tient debout, parce qu'elle en a pris l'habitude ;

» Pour ces motifs :

» Déclare La Brige, etc... »

Est-il dans toute la littérature ironie plus fine et plus vraie ? Presque machinalement notre esprit se reporte aux *Lettres persanes* d'un non moins grand ironiste, *Lettres* qui précédèrent de peu le renversement d'un état de choses plus que séculaire.

CHAPITRE VIII

Le monde ecclésiastique au théâtre.

Pièces.	Auteurs.	Dates.
L'Ainée.	J. LEMAITRE.	1898
Ces Messieurs. . . .	GEORGES ANCEY.	1905
La Soutane	A. BERNÈDE.	1905
Les Vautours. . . .	A. FRESQUET.	1905
Le Duel	H. LAVEDAN.	1905

La conception du monde ecclésiastique d'après l'*Abbé Constantin* a disparu de la scène. Les pièces qui s'occupent de la question cléricale ne nous dépeignent plus de ces bons vieux prêtres, au rire facile, répandant autour d'eux une atmosphère de douce quiétude. Dans l'*Ainée*, M. Jules Lemaitre combat avec une impartialité manifeste l'influence, d'après lui néfaste, du non-célibat des prêtres de l'Eglise réformée. Dans *Ces Messieurs*, dans la *Soutane*, dans les *Vautours*, le clergé catholique est l'objet d'études, presque toujours impartiales quoique très vives, qui tendent moins à démontrer les fautes d'un homme que d'un état de choses. L'abbé Thibaud n'est plus l'abbé Thibaud ; il devient le type représentatif du clergé français, dépendant et de Rome et de Paris, soumis à des influences diverses et cherchant en vain à concilier l'ordre nouveau avec la tradition. Dans le *Duel*, nous assisterons à la lutte épique que se livrent deux frères pour la conquête morale d'une femme. L'un, l'abbé Daniel, parlera au nom de l'Eglise ; l'autre, le docteur Morey, fera entendre la voix de la philosophie ; matérialiste convaincu, il combattra la sujétion qu'impose l'Eglise à ses fidèles ; il s'élèvera avec vigueur contre les lois d'autorité qui en sont la base en même temps qu'elles l'empêchent de se retremper dans des forces nouvelles et de les revivifier à cette moderne fontaine de Jouvence que représente à ses yeux la Science.

La comédie de M. Jules Lemaitre faite de douce raillerie, de spirituelle moquerie vaut par sa finesse, par ses à-propos charmants l'approbation de tout lecteur ou spectateur non imbu de parti pris ou d'obscurantisme. Elle signale d'ailleurs un danger réel, un état de choses qui nous donne comme un malaise et nous cause pour un instant un sentiment voisin de la gêne.

Si indépendants que nous soyons de toute influence religieuse — et d'autant plus sera grand notre mécontentement s'il reste en nous le moindre sentiment religieux — nous ne pouvons que déplorer amèrement qu'il y ait des prêtres, à quelque église qu'ils appartiennent, qui fassent passer leurs affaires pécuniaires ou de famille avant l'exercice de leur sacerdoce. Les pasteurs Petermanns ne sont que trop fréquents ; mais peut-on leur en vouloir ? Hommes, ils sont sujets comme leurs semblables à des hauts et des bas de leur conscience morale ; comme nous ils peuvent faiblir, comme nous faillir ! Et si, rattachés à la terre par des liens de famille, ils sacrifient leurs devoirs de prêtre à celui d'époux ou de père, nous ne saurions que les plaindre sans les juger, tant douloureux est leur cas. Bientôt, de leur sacerdoce ils feront un métier ; de pasteurs ils deviendront fonctionnaires ou négociants. Leurs devoirs professionnels accomplis, ils dévêtiront leur robe d'officiant et pourront se croire dégagés des sacrifices moraux et matériels que leur impose leur mission.

D'ailleurs notre pasteur sait où le bât le blesse et il se défend avec énergie :

« Les temps ont marché, dit-il à un de ses interlocuteurs. Les ministres de l'Evangile doivent eux-mêmes se plier aux conditions économiques de la société où ils vivent, sous peine de devenir au milieu des autres hommes des sortes de parias volontaires ; ce qui ne saurait que nuire à leur mission surnaturelle...

« ... Vous oubliez, mon cher voisin, qu'il y a une hiérarchie des devoirs. J'ai celui d'établir mes filles, qui entraîne, hélas ! celui de les doter et, corollairement, d'arrondir un peu leur modeste dot, si je puis... »

Et le pasteur Petermann, austère et grave, met si peu en pratique sa hiérarchie des devoirs que ses enfants, à part l'ainée, ne sont que des écervelées ou des coquettes. C'est d'ailleurs à Léa, à l'ainée, qu'incombent toutes les charges de la famille, c'est elle qui cherche à corriger les défauts de ses sœurs, c'est elle enfin qui rétablit la bonne harmonie dans le ménage Mikils, autre pasteur qui étant son fiancé à elle, lui fut subtilisé par une de ses sœurs, Norah ; toujours elle qui, en fin de compte, épouse M. Dursay, célibataire endurci entrant pour le moins dans la cinquantaine. Et la pièce s'achève sur une note d'un comique achevé :

PETERMANN. — Le Seigneur m'avait donné six filles...

Mᵐᵉ PETERMANN. — Le Seigneur a fini par les marier toutes les six...

MIKILS. — Que le saint nom du Seigneur soit béni !

Jules Lemaitre a dépensé dans sa comédie beaucoup de verve comique ; la satire qui s'en dégage est toute faite d'indulgence et la raillerie souriante où se complaît l'auteur est pour nous un régal sans conteste.

Nous ne trouverons pas dans *Ces Messieurs* de M. Georges Ancey ces qualités de finesse, de brio qui font le charme de l'*Ainée*. *Ces Messieurs* est une œuvre grave, sévère. L'auteur tente de nous y dépeindre l'influence néfaste du prêtre sur la femme ; y a-t-il réussi ? *Presque*. Il y a toutefois place pour une réserve. M. Ancey n'a pas osé attaquer le problème de front, il a biaisé. Au lieu de faire d'Henriette une épouse et une mère, il n'en fait qu'une veuve et qu'une tante. Ses affections ne sont donc point d'une force très grande ; il eût été autrement intéressant de voir en lutte avec son amour maternel le penchant irrésistible qu'elle se sent pour les choses de la religion.

Le premier acte est un modèle d'exposition. Nous faisons ample connaissance avec les châtelains de Sérigny. Ils sont là deux frères, Adolphe et Gustave Censier et leur sœur Mme Fauchery. Adolphe Censier est catholique militant ; candidat à la députation, il se place sous l'égide de l'Eglise catholique. Gustave, son frère, est de caractère moins belliqueux : il est partisan d'une douce indulgence et trouve que manger du prêtre est de bien mauvais ton. Mme Fauchery enfin est le type de la dévote même ; elle est vivement atteinte dans sa foi catholique par l'anticléricalisme très agressif de son fils Pierre. Ce dernier a le dégoût du prêtre, la haine de la soutane. Enfin, nous apprenons à connaître Henriette qui, cruellement frappée par la mort d'un mari qu'elle adorait et de son fils unique, ne cherche plus d'autres consolations qu'en la religion.

Le nouveau curé de Sérigny, l'abbé Thibaud, voit bien vite quel parti il pourra tirer de l'état d'âme de sa pénitente. Il arrive bien souvent à celle-ci que pas tout à fait dégagée des choses de ce monde, elle se sent assaillie de tentations, de regrets, de doutes. L'abbé Thibaud, très bien doué par la nature, fait bientôt la conquête d'Henriette. Il la morigène doucement, détruit en elle toutes les affections de famille qu'il tend à remplacer par le seul amour en Dieu et en son Eglise (catholique). Prise de prosélytisme, Henriette consacre une grande partie de sa fortune à des œuvres pies : asiles, crèches, etc: L'abbé Thibaud, à voix douce et persuasive, a su complètement conquérir à la cause de l'Eglise l'ancienne mondaine qu'avait été Henriette. Ses supérieurs, très contents de lui, lui font obtenir un poste plus élevé. L'abbé Thibaud quittera Sérigny pour la banlieue parisienne. Alors éclate le conflit entre Henriette et lui. Henriette voit clair en elle ; son amour pour Dieu ne lui apparaît plus que comme un masque cachant une autre affection, plus humaine, plus vraie, celle qu'elle ressent pour l'abbé Thibaud.

Elle lui reproche en termes peu modérés son projet de quitter Sérigny. Bientôt, elle lui avoue son amour pour lui, amour tout fait de sensations charnelles que l'abbé Thibaud d'ailleurs ne pouvait ignorer et qu'il sut toujours entretenir pour le plus grand profit de son ambition personnelle, mais surtout pour la plus grande gloire de l'Eglise. Henriette, crie, vocifère son amour :

« J'étais folle ; devant la brutalité de votre départ... de votre fuite, je comprends, je me ressaisis. Oui, il n'y a ici qu'un homme qui veut partir, tout simplement, à côté d'une femme qui l'aime et qui veut être aimée, malgré tout, en dépit de tout, parce que — je le vois bien décidément — l'amour, l'amour terrestre, l'amour humain est la loi universelle, parce que tout le reste, les idées que vous m'avez données, l'éducation religieuse que j'ai reçue, ce qu'on appelle les principes, la morale, la chasteté, la foi, tout, vous entendez, tout est faux. L'amour seul existe.

» ... Que vous importe de pervertir nos sens et d'en exaspérer les besoins ! Que vous importe de joncher votre route de malades et de détraquées ! Ça vous est bien égal, c'est pour l'amour du bon Dieu... »

Henriette menace l'abbé Thibaud d'un scandale. La famille le redoute pour le moins autant que l'abbé. La réélection d'Adolphe Censier serait compromise irrémédiablement. Il s'agit de faire taire Henriette et pour ce il n'est qu'une ressource : son internement. Pierre Fauchery, consulté, se révolte à cette idée. Il accable les siens de reproches, il ne veut pas qu'on sacrifie Henriette au curé Thibaut. Il se rendra auprès d'elle, lui parlera la voix de la raison et se fait fort de la faire revenir à de plus sages résolutions. Pierre par des paroles de réconfort, par un appel vibrant à des souvenirs d'enfance, réussit à reprendre son ancienne influence sur sa sœur Henriette qui, guérie, se gardera bien à l'avenir de retomber dans les pièges douceureux des abbés Thibauts et autres.

Nous avons déjà eu à critiquer le personnage de second plan que figure Henriette ; nous avons déjà eu à nous expliquer sur son cas. Henriette, ancienne mondaine, frappée dans ses affections les plus proches, névrosée, devient la proie des gens d'église. Il eût été bien plus courageux de la part de l'auteur de faire d'Henriette une personne saine, en possession d'un mari qu'elle aimerait, d'enfants qui feraient son bonheur. Cette Henriette-là subirait-elle les avatars de la nôtre? *Peut-être*, mais alors l'étude, moins spéciale, fût devenue, de cas particulier, un cas général. Aussi les adversaires politiques ou intellectuels de M. Georges Ancey ont-ils eu beau jeu à abattre l'édifice péniblement construit par lui. Cependant il est, dans *Ces Messieurs*, de réelles qualités de composition, de style et d'étude de mœurs. C'est à ce point de vue surtout que la comédie de M. Ancey est digne des plus grands éloges.

M. Arthur Bernède, dans la *Soutane*, n'est pas très tendre pour le clergé. Il lui reproche d'être intolérant, réactionnaire, d'être au mieux avec les riches, mais d'oublier les pauvres dans ses prières ou ses actes. Non content d'attaquer le clergé, M. Bernède en veut aussi aux dogmes. Il montre la néfaste influence qu'en certains cas peut avoir le secret de la confession.

L'abbé Jacques Mirande, en tant que confesseur, a appris de la baronne de Rouvray, à son lit de mort, qu'elle fut femme adultère, et que sa fille Marguerite est née, non de M. de Rouvray, mais de M. de Prangis. Cet amant est mort. Mais il a laissé un fils, Henri. Inutile d'ajouter que ce dernier aime Marguerite, qu'il en est aimé, et que bientôt les deux jeunes gens vont se marier. L'abbé Mirande ne saurait admettre cette union incestueuse. Il demande à son évêque, M. de Cavardin, d'être délié du secret professionnel. Celui-ci refuse. Jacques a recours à Rome, mais on l'empêche d'arriver jusqu'au pape.

Ecœuré, révolté par tant d'astuce, l'abbé Jacques Mirande rompt le secret, dévoile la vérité à Henri de Prangis. Les intrigues de ses supérieurs l'ont si vivement irrité qu'il dénonce leurs mœurs à ses paroissiens ; il incite ceux-ci à la révolte, mais le pauvre, l'humble abbé n'est pas suivi de la foule qui se rue sur lui. L'abbé Jacques Mirande meurt lapidé. Seul, l'enfant idiot du village, se penchant sur son cadavre, se met à plaindre le pauvre hère et se lamente en criant : « On a tué le bon Dieu ! »

Il est dans la comédie de M. Bernède quelques scènes dignes de notre attention. Il en est qui ne sont pas très originales ; les déclamations contre l'Eglise sont loin d'être nouvellement mises à la scène. Pourtant elles ne manquent pas de verve, de véhémence :

L'abbé : « Je ne suis plus prêtre ! Je m'évade de cette Eglise qui, de consolatrice de l'opprimé, s'est faite le refuge de l'oppresseur ! de cette Eglise qui s'est écartée de plus en plus de sa mission divine, pour se mêler aux luttes des partis ; de cette Eglise enfin dont les hauts dignitaires ont fait des malheureux curés de campagne, des prêtres obscurs comme moi, de véritables ilotes, de véritables parias, formant une sorte de prolétariat du clergé, désirant lui aussi briser ses chaînes !... »

Relevons dans cette virulente apostrophe la phrase concernant l'ingérence du clergé dans la vie politique d'un Etat ; nous la verrons en œuvre dans les *Vautours*, de M. A. Fresquet.

M. Dariot est chef d'un parti politique. Il dirige

un grand journal où il combat pour la marche progressive de l'idée nationale. Dariot, qui maintenant est un des « leaders » du parti socialiste, à
commencé sa brillante carrière dans les rangs de
l'opportunisme. Son anticléricalisme, à cette époque,
n'était pas très accentué, aussi sa fille Marthe a-
t-elle été élevée religieusement et a-t-elle fait sa première communion.

C'est par Marthe que l'Eglise cherchera à frapper
le père, par Marthe qui a reçu des leçons d'une institutrice fanatique et qui chaque mois encore va se
confesser. Son directeur de conscience agit si bien
sur elle que Marthe, dont la santé est déjà mi-
née, s'adonne aux macérations de tous genres et
cela pour sauver des foudres de l'Eglise son père
libre-penseur. Pour le salut de Dariot, Marthe se
soumet à un ascétisme tel que sa santé décline de
plus en plus.

Mais il s'agit d'attaquer de front; l'heure est
grave. Dariot doit, en effet, prononcer un grand discours contre le clergé. De son intervention dépendra
sans doute le vote d'une loi enlevant aux prêtres le
droit d'enseignement. Et sa fille, sur les instances,
ou tout au moins sur les conseils de son directeur
de conscience, en un entretien passionné prie Dariot
de renoncer à son discours. Elle ira jusqu'à le me-
nacer de se retirer au couvent si Dariot prononce
néanmoins le discours qu'attendent ses amis, mais
que redoute l'Eglise.

Et Dariot qui sait que Marthe au couvent serait
perdue pour lui, mais qui espère en un retour de sa

fille chérie, Dariot se rend à la Chambre et fait acte
de citoyen libre et d'homme politique convaincu.
Bientôt Marthe mettra sa menace à exécution, mais
après quelques mois de noviciat, elle meurt. Dariot
désespéré, en lutte ouverte avec sa femme qui lui en
veut d'avoir préféré à leur enfant son idéal politique,
Dariot qui se sent en proie à une douleur irrai-
sonnée, qui se sent peu à peu envahi par la folie,
Dariot enfin qui ne veut pas que les « vautours »
s'emparent de lui alors que, cherchant un calmant à
ses maux, il n'en trouverait qu'en la religion, Dariot
met fin à ses jours.

C'est sur cette donnée tragique que sont bâtis
les *Vautours*. Ce qu'il y a surtout de remarquable
dans cette œuvre, faite de sincérité, œuvre ardente
faite de foi et de lutte, c'est le rôle attribué aux
« vautours ». Bien qu'ils nous apparaissent en chaque mot, en chaque geste de Marthe, nous ne les
voyons pas. Ce n'est donc pas, comme dans *Ces
Messieurs*, l'abbé Thibaut ou l'abbé Nourrisson,
l'homme qui est analysé dans le prêtre, mais ses
doctrines. Inconnu de nous, le directeur de conscience de Marthe représente à nos yeux la force
même de l'Eglise, force déprimante et anti-sociale,
au dire de l'auteur.

Il nous resterait à parler du *Duel*, de M. Lavedan.
Nous n'y insisterons pas, cette comédie étant plutôt
l'analyse d'un cas psychologique que l'œuvre de
combat que nous trouvons soit en l'une ou l'autre
des pièces déjà étudiées. Toutefois nous ne saurions
faire autrement que de louer l'auteur du *Duel* pour

la juste balance qu'il a su tenir entre les deux thèses mises en présence. L'abbé Daniel et le Dr Morey sont deux vaillants lutteurs combattant, l'un pour l'Eglise, l'autre pour la Libre-pensée.

———＊———

CHAPITRE IX

La Caste et les Races.

I

Pièces.	Auteurs.	Dates.
Le Prince d'Aurec .	H. Lavedan.	1892
Les Fossiles . . .	F. de Curel.	1892
Les Rois	J. Lemaitre.	1893
(Les Deux Nobles-		
ses)	H. Lavedan.	1894
Les Petites Marques	Boniface.	1895
Snob	Gust. Guiches.	1897
Marquis de Priola .	H. Lavedan.	1902
Les Affaires sont les		
affaires	O. Mirbeau.	1903
Décadence . . .	A. Guinon.	1904
La Race	J. Thorel.	1905

II

La Fille sauvage .	F. de Curel.	1902
Le Retour de Jéru-		
salem	M. Donnay.	1903
L'Oasis	J. Jullien.	1903

Décadence . . .	A. GUINON.	1904
Oiseaux de Passage	DONNAY et DESCAVES	1904

E. Augier, dans son célèbre *Gendre de M. Poirier*, devait trouver une formule nouvelle, formule qui serait maintes fois reprise et donnerait lieu à un très grand nombre d'imitations. La lutte entre les deux partis, ou mieux les deux classes se disputant la prépondérance de la société française, renaissant sous une forme toujours autre, il était facile aux auteurs dramatiques de s'emparer du sujet et d'en tirer des scènes de premier ordre.

D'aucuns, comme Lavedan, voulurent nous montrer l'ancienne noblesse aux prises avec l'ordre nouveau, en butte aux tracasseries et duperies de gens véreux, ses créanciers. Dans son *Prince d'Aurec*, nous assistons à la lutte entre la noblesse de nom : l'aristocratie, et la noblesse de fait : la finance. De même O. Mirbeau, A. Guinon, nous dépeignent l'avilissement de cette caste aux idées étroites, pour laquelle le travail est chose vile et qui, finalement, en est réduite à vivre aux crochets des parvenus du jour. François de Curel dans *Les Fossiles*, Jean Thorel dans *La Race* ont voulu fouiller plus à fond l'analyse des descendants de l'ancienne noblesse et nous ont montré à nu les tares inhérentes à l'éducation désuète des enfants dégénérés ou abâtardis de ceux qui, en d'autres temps, firent la force et la vie de la nation. Quelques auteurs enfin se donnèrent à tâche de nous décrire le genre de vie mené par ces nobles ; d'où des pièces telles que *Le Faubourg*, *La Carrière* de A. Hermant ou *Snob* de Gustave Guiches, *Les Petites Marques*, de Maurice Boniface.

Et par dessus tout ce monde de gens à titre et à particules, Jules Lemaitre n'a pas craint d'évoquer la figure ancestrale des *Rois*, qui, déchus de leur autorité absolue, minés par les idées sociales en marche, ne seront bientôt plus que des *Rois en exil*.

H. Lavedan ayant introduit dans son *Prince d'Aurec* le monde de la finance sous les traits d'un banquier juif, certains crurent voir dans cette pièce une satire du monde israélite ; de là, il n'y eut pas loin à faire une comédie spécialement réservée à ce monde et l'on eut tour à tour *Retour de Jérusalem* de Donnay et *Décadence* d'A. Guinon. Engagés sur ce terrain si propice à de belles et fortes scènes, nos dramaturges ne s'en tinrent pas là et F. de Curel dans sa *Fille sauvage*, Donnay et Descaves dans *Oiseaux de Passage*, généralisèrent la thèse qui avait pris jour dans *Décadence* ou le *Retour* et ne tentèrent rien moins que de prouver que la fusion des races est une chimère irréalisable... alors que dans *l'Oasis* Jean Jullien courageusement luttait pour prouver le bien-fondé de la thèse en faveur de l'union de toute race.

Le *Prince d'Aurec* fut un des grands succès de ces dernières années ; cette comédie en trois actes se fait remarquer par la force de son analyse, la souplesse de ses protagonistes, la satire de ses descriptions. La noblesse y est représentée par trois personnages principaux : le prince d'Aurec, la princesse, sa femme, et la duchesse de Talais, mère du premier. A côté de ces trois personnages-types, on remarque la présence d'un vicomte de Montrejeau, vieil ahuri, sans esprit et sans convictions, adonné à sa seule passion de l'entrechat ou de la pavane et qui ne connaît de Louis XIV que « le five o'clock avec Molière ». A citer encore M. de Chambersac qui fait métier de sa particule et arrive par elle à toucher les commissions d'un banquier ou d'un homme d'affaires. Quant aux trois premiers, voici leur portrait : « Le prince (d'Aurec) de trente-quatre ans, bon à rien... capable de tout... l'esprit faux et le cœur sec comme un cigare. La princesse, une jolie poupée, à laquelle on peut tout dire... Dans cette famille noble, il n'y a qu'un être qui vaille quelque chose, c'est la duchesse, et elle est bête, et elle n'a rien de ducal, et elle est née Piédoux ! » Et certes M. de Horn, le banquier juif qui s'exprime ainsi sur leur compte n'est pas partial et ne fait que dire vrai. En effet, le prince d'Aurec ne se soucie nullement de ses glorieux ascendants : il ne cherche à se faire un nom ni dans l'armée, ni dans la diplomatie, ni dans les arts ; pour lui tout est limité à la vie de cercle, à conduire le mail-coach au Bois, à arborer une cravate nouvelle ou un gilet « dernier cri ». La princesse ne vaut guère mieux ; évaporée, elle ne demande qu'à mener la vie à grandes guides, dût-elle pour cela, être obligée d'emprunter à un de Horn, alors que femme belle et désirable elle sait pertinemment à quoi elle s'engage. Et si, à la fin du troisième acte, mise en demeure de payer par son créancier, elle retrouve quelque honnêteté de femme et appelle son mari à son secours, elle manque néanmoins dans sa morgue de dégénérée à la plus élémentaire des probités envers de Horn. Et l'on ne peut qu'applaudir et donner raison à ce dernier lorsqu'il lui rappelle les services rendus et lui dit « qu'en les acceptant elle a perdu le droit de le juger ».

Reste la duchesse de Talais ; née dans une famille profondément bourgeoise, appelée à un rang pour lequel elle n'était pas faite, par reconnaissance tacite elle en vint à prendre fait et cause pour le milieu où elle venait d'être introduite par son mariage. Depuis lors, elle n'a d'autre lecture que la *Gazette de France*, d'autres croyances que celles d'une ardente catholique doublée d'une royaliste résolue, elle a le gouvernement républicain en horreur et ne désire qu'une chose : c'est que son fils, imbu de ses idées, se voue en entier à la cause de Dieu, de la monarchie et du drapeau blanc. On sait de quelle façon ses efforts se sont vus récompensés.

La finance est représentée en la personne du baron juif de Horn ; il est riche à millions et maintenant que, par sa fortune, toutes les ambitions lui sont permises, il n'aspire plus qu'à une chose : être reçu dans le « grand monde », faire partie du Jockey-Club, faire de la princesse d'Aurec sa maîtresse. Pour arriver à son but, il dispense l'or avec une générosité, une prodigalité sans pareilles. Il prête au prince de quoi rembourser les dettes de jeu que celui-ci fait d'une manière régulière ; à la princesse, il paye les toilettes extrêmement riches qu'elle porte. Il n'arrive néanmoins pas à ses fins et se fait bon-

teusement mettre à la porte par d'Aurec qui, pour
une heure, a retrouvé quelque énergie et quelque
pudeur, pour une heure seulement, disons-nous, car
bien que la pièce s'achève sur un mot typique de
bravoure et de fierté du prince, nous apprenons dans
une autre comédie du même auteur et qui fait suite
au *Prince d'Aurec*, dans *Les Deux Noblesses*,
qu'un beau jour on prit le prince en flagrant délit de
vol au jeu. Nous apprenons aussi que se faisant justice lui-même, le prince Dominique d'Aurec, dernier
du nom, sur le conseil de sa femme, mit fin à ses
jours.

Les Deux Noblesses sont une pièce très insuffi-
sante, d'un intérêt plus que relatif. L'auteur qui
avait tant molesté la noblesse dans sa première
œuvre, voulut, après son travail de démolition, en
faire un de reconstruction. Pour cela, il admet que le
fils du prince d'Aurec change de nom, se fait appeler
Roche et gagne en qualité d'industriel des millions
et des millions. Il a lui-même un fils qui aime une
demoiselle Suzanne de Touringe et ne peut l'épouser
parce qu'il n'est qu'un roturier répondant au nom
de Roche. A la fin de la pièce, on découvre la vérité.
La princesse d'Aurec qui aussi a troqué son nom
contre celui plus plébéien de Mme Durieu, réapparaît
et demande en dernière grâce que Henri Roche, son
petit-fils, devienne l'époux de Suzanne. Et, prophé-
tique, elle prononce ces paroles :

« L'avenir de l'aristocratie est là, mes amis, dans
la fusion des deux noblesses. (*A Touringe, en lui
tendant la main.*) La vôtre, Touringe, celle des

temps passés, celle d'hier. (*A Roche, en le prenant dans ses bras.*) La tienne, cher enfant, celle des temps nouveaux, celle de demain ! »

Tout au plus un mot sur cette dernière pièce qui n'a de valeur que par son symbole et par le conseil désintéressé que M. Lavedan tenait à donner à l'aristocratie française. Pour en arriver à une conclusion telle, il fallait accumuler conventions sur conventions, et l'auteur n'y a pas manqué ; la pièce, construite de toute pièce sur des données imprécises et peu nettes, devait tomber à la chiquenaude du premier critique venu ; aussi son succès ne fut-il grand qu'aux regards de ceux pour qui, repentant, M. Lavedan venait d'accomplir son voyage à Canossa.

Au cours de la même année où avait été représenté *Le Prince d'Aurec*, la noblesse dut à nouveau subir un assaut des plus rudes en la personne de M. de Curel, qui donnait sur une des scènes les plus courues de Paris, une de ses comédies les plus âpres et les plus mordantes. Nous avons nommé *Les Fossiles*. Indiquer le titre est en indiquer en même temps l'esprit de satire. Les Fossiles, que M. de Curel a portraiturés de main de maître, ce sont les gentilshommes de l'ancienne noblesse, restés par leur vie d'ascètes en dehors du mouvement du siècle, ce sont les dignes descendants des burgraves aux manoirs fortifiés et qui ne frayaient avec âme qui vive, passant leur vie entière en des guerres désastreuses, vivant de rapines, du butin de leurs victoires, et ayant pour plus naturelle

distraction le pillage d'une ville ou la mise à feu et
à sang de fiefs possédés par leurs adversaires du
jour. Les Fossiles n'ont rien de commun avec les
princes d'Aurec de la société parisienne ; ils vivent
à l'écart, dans leur domaine ancestral, et ne se com-
mettraient pas en la compagnie d'un de Horn ou
même d'un Montade. Ce n'est pas eux qui oseraient
faire de stupides railleries sur Henri IV et la « poule
au pot[1] » ou se livreraient à des jeux de mots douteux sur le compte de leurs aïeux. Bien au contraire, leur vie n'a qu'un but : honorer dignement
le nom qu'ils portent et le perpétuer jusqu'au jour
messianique où il plaira à Dieu de rendre la couronne de France au « Roy ». C'est même là, dans
cette analyse aiguë du préjugé du nom, que réside
toute la pièce.

Le premier acte nous introduit dans « un manoir
des Ardennes » par un soir d'orage. La scène est péniblement lugubre et on y sent comme planer en
une nuée obscure les spectres et les âmes de ceux
qui jadis furent les ducs de Chantemelle, si grands
par les hauts faits laissés en souvenir par l'Histoire.
Mais combien dégénérée nous apparaît la famille
qui de nos jours porte ce nom glorieux. La duchesse
n'a rien d'épique, et ses yeux, rougis d'avoir pleuré,
nous montrent, au contraire, une femme de cœur,
de sensibilité ; sa fille Claire, avec qui elle converse,
ne semble pas non plus supporter vaillamment le
poids de l'héritage de ses aïeux. Et lorsque son frère

---

[1] Henri Lavedan, *Le Prince d'Aurec.*

Robert de Chantemelle, la figure animée, les traits
tirés, les joues caves, s'en vient au-devant de sa
mère pour lui dire : « Allons, maman, courage!
(avec un sourire brisé)... je suis encore vivant[1]! »
nous sentons aussitôt monter en nous une immense
pitié pour le pauvre malade que nous voyons aller
s'éteignant. Mais où est donc le type caractéristique
de la race des Chantemelles ? Ce n'est à coup sûr pas
le malheureux phtisique qui regrette en un amer
sanglot ne plus pouvoir rentrer de la chasse au san-
glier, « des chiens blessés sur le dos et des glaçons
dans la barbe ». Ce n'est ni Claire, une jeune fille,
ni la duchesse, non plus ! Mais alors, où est-il ? Le
voilà qui revient de la chasse, « pas fatigué du
tout », sacrant et jurant, se complaisant au récit de
ses aventures, recevant tout aussitôt un de ses gar-
des, Nicolas. Et nous apprenons que lui, duc de
Chantemelle, malgré son grand âge, a séduit une
jeune fille, Hélène Vatrin, qui était en service auprès de Claire, à qui elle donnait des leçons. De
cette liaison est né un enfant dont la garde a été
confiée à Nicolas.

De cette même Hélène Vatrin, nous avons déjà
entendu parler. Près de mourir, Robert a avoué à
sa mère qu'il était l'amant d'Hélène, qu'ils s'aiment,
et que, en guise de consolation dernière, il désire la
revoir. Il lui dit avoir un enfant, un fils de cette
maîtresse adorée, et supplie d'une manière instante
la duchesse pour obtenir de revoir Hélène.

---

[1] *Les Fossiles*, Acte Ier.

Et la duchesse, sur un mot à double entente, laisse entrevoir à son mari la vérité. La scène est forte et caractéristique. Nous voyons le vieux duc retrouver en ses invectives toute l'énergie de sa race; pour lui, son fils n'existe plus ; il devient une brute déchaînée. Le duc, les yeux étincelants, les poings crispés, traverse la scène :

« Chienne !... Chienne !... Triple chienne !... Et Robert !... Misérable vaurien !... S'il n'était pas à moitié crevé, je le... »

Ici il y a pleinement lieu de féliciter l'auteur. Il s'y est pris de telle manière qu'il est impossible à la duchesse de démêler ce qu'il y a sous ces injures et ces menaces. Elle croit fermement que son mari n'est arrivé à ce paroxysme de colère que sous le coup de l'offense aux lois morales qu'ont enfreintes Robert et Hélène ; impossible à elle d'y lire ce qu'il y a de vraiment humain en ces cris de forcené : envie et jalousie alliées au dépit de s'être laissé jouer par ces deux enfants. Mais bientôt il se remet et la conversation dévie. Le duc ouvre le trop-plein de son cœur; ce qu'il regrette en la mort de Robert, c'est moins la perte de son fils que l'extinction à jamais du glorieux et fastueux nom des Chantemelles. Et puisque l'enfant d'Hélène Vatrin est de lui ou de son fils, il s'agit tout bonnement de forcer Hélène à devenir la femme de Robert, et ainsi l'enfant légitimé sera un Chantemelle et pourra faire souche de descendants à l'illustre lignée. Et la chose est conclue, parce que Robert aime Hélène, et ne demande pas mieux que de réparer ses torts.

Du côté de Claire, qui ignore l'existence du fils d'Hélène, on rencontre cependant des obstacles. Claire connait les relations de son père avec son ancienne amie et se refuse violemment à accepter le mariage. Plutôt elle dévoilera toute la bassesse des machinations mises en œuvre par le duc. Mais lorsque par sa bouche elle apprend toute la vérité, lorsqu'elle entend son père s'exprimer ainsi : « La plupart de nos grands-parents ont été hommes d'Etat ou généraux célèbres... J'aurais voulu comme eux ramasser la gloire... Ma vie s'est passée à ronger mon frein dans l'inertie... J'ai tâché de m'abrutir avec les chevaux, les chiens, la chasse... Je n'ai rien ajouté au nom qui m'a été légué... Mais au moins, sacredieu, ne le laissons pas périr ! C'est encore travailler pour la gloire, que de maintenir celle qui nous est transmise, jusqu'à ce qu'un Chantemelle plus intelligent ou plus heureux, fasse jaillir de nouvelles sources ! », sa fierté morale s'en va pour faire place à l'orgueil de race et Claire « pour ne pas être le bourreau de sa race » consent au mariage incestueux et immonde que, par amour pour Robert, Hélène Vatrin accepte. On ne saurait trop louer la trame serrée, la vigueur sans égale de ce deuxième acte témoin du duel homérique qui se joue entre le duc, Claire et Hélène.

La triste union est consommée et depuis une quinzaine les Chantemelle séjournent à Nice, où Robert s'en va déclinant de jour en jour. Hélène est envers lui d'une attention que seul un grand amour sait inspirer ; elle simule une joie que son cœur est loin de ressentir : elle sait le triste sort qui attend son mari. Atteinte en son affection d'épouse, elle ne l'est pas moins en son amour de mère. Chaque jour davantage Claire se supplante à elle. Et doucement elle s'en plaint à son mari : « Mon ami, je ferai mon devoir vis-à-vis de l'enfant, pourvu qu'il reste mon enfant, et non celui d'un clan tyrannique et jaloux. Ainsi prenez ma prière au sérieux... » Robert lui donne pleinement raison et lorsque s'approche Claire il le lui dit. Claire se récrie et en appelle au duc, et ici se place cette scène capitale où le vieux duc de Chantemelle, égaré par la colère, ivre de fureur, avoue à son fils sa faute, ses vilenies à lui et la faiblesse d'Hélène. Il va jusqu'à contester la paternité de son enfant à Robert, et avance ainsi par ses aveux la Mort qui guette Robert de Chantemelle et va l'emporter éperdu en un monde de douleurs moins vives et de souffrances aux déchirures moins saignantes. Je ne résiste pas à la tentation de transcrire cette scène, une des plus hardies, en sa barbare sauvagerie, du théâtre français.

CLAIRE. — Robert, dans son testament, encourage sa femme à se séparer de nous et à emmener l'enfant.

LE DUC, *à Robert.* — C'est vrai ?

ROBERT. — Oui.

LE DUC. — Ne fais pas cela !

ROBERT. — J'en ai le droit.

LE DUC. — Soit !... Ne fais pas cela.

ROBERT. — Donnez une raison.

Le duc. — Mille, si tu veux.

Claire, *au duc.* — Je les ai données... celles qu'on peut donner !

Le duc. — Il y en a d'autres, entends-tu ? L'origine d'Hélène on ne songe pas à la lui reprocher... Mais à notre époque, il y a encore des choses qui font se dresser les cheveux sur la tête... Quand nous porterions le nom le plus obscur, je te dirais : sauve notre honneur, ne le confie pas à cette femme !

Robert. — Je vous défends d'insulter Hélène.

Le duc, *se redressant de toute sa hauteur.* — Tu défends !

Robert, *avec effort.* — Je suis exténué, mais on ne me fera pas plier. Encore un mot injurieux pour elle et, à l'instant, je quitte la maison, je l'emmène.

Le duc. — Elle est là, dans le jardin. Qu'elle monte, que devant moi elle parle de ses droits... qu'elle ose !... Ah ! qu'elle ose !...

Claire. — Tu la verrais pas fière.

Robert. — Elle va monter mais pour faire ses malles et me suivre.

Le duc. — Je garderai l'enfant malgré toi, malgré sa mère.

Robert. — L'enfant est à moi.

Le duc. — A nous !

Robert. — A moi.

Le duc, *d'une voix terrible.* — A nous !

Claire, *avec effroi.* — Papa ! Papa ! Ecoutez-vous.

Le duc, *repoussant Claire.* — Toi, va-t'en !... va-t'en !... C'est entre lui et moi !

Claire. — Par pitié !...

Le duc. — Va-t'en !

Il prend Claire par les épaules, la pousse dehors ; on la voit s'arrêter derrière la porte qui n'est pas fermée.

Le duc, *bondit jusqu'à Robert dans un élan de passion terrible.* — A nous ! J'ai eu la mère à Chantemelle avant toi ! J'ai commis le crime de te la faire épouser pour perpétuer le nom qui s'éteignait. Et je ne te laisserai pas nous arracher, pour le confier à des mains indignes, l'enfant payé si cher ! Il appartient à la famille, je·te défends d'y toucher ! Voilà qui est dit. *(Subitement calme et hautain.)* Maintenant si tu veux que je meure, je suis prêt ! »

Telle est cette scène en sa rudesse, en sa sauvagerie même. Certains critiques, parmi lesquels M. Adolphe Brisson et M. E. de Saint-Auban, ont crié à l'exagération et se sont prononcés en faveur de la première version qui consistait à faire apprendre la vérité à Robert de Chantemelle par la nourrice de son enfant. N'ayant pas la première version sous les yeux (la pièce imprimée ne comporte en effet que la seconde), nous empruntons au compte-rendu que fit de la pièce M. René Doumic, le résumé de la fin du troisième acte tel qu'il fut représenté en 1892 sur le Théâtre-Libre : « Une indiscrétion de la nourrice — cette femme du garde dont il a été parlé au premier

acte — va tout révéler à celui qui devait tout ignorer. Il paraît que cette femme a une conduite scan-
daleuse. Robert se charge de la congédier, et il quitte
la scène à cet effet... » Et de suite l'objection : « Le
moyen employé ici par M. de Curel est d'une telle
maladresse qu'on se demande si l'auteur n'aurait
pas fait exprès. Ce n'est guère la coutume, en effet,
qu'un maître de maison se charge de régler le compte
de la nourrice : il semble que ces choses soient plutôt du département des femmes. Mais, en outre,
Hélène sait que la nourrice possède le secret de la
famille, et que cette femme est violente, et que dans
un accès de colère elle peut tout dire ; elle doit donc
faire tout au monde pour empêcher que Robert ne
s'entretienne avec elle. »

M. de Curel dans la reprise de sa pièce qui eut lieu
en 1900 sur la scène du Théâtre-Français, nous
donna la version que nous avons brièvement résumée. C'est à ce propos que M. de Saint-Auban se
laisse aller à dire : « Il est vraiment joli, le fossile (le
duc) ! La version primitive me paraissait plus accep-
table : une vengeance de domestique informait la
pauvre dupe de l'infamie ourdie par l'orgueil héréditaire ; l'auteur n'a pas trouvé l'infamie suffisante ; il
accentue éperdument la barbarie d'un personnage
qui devient insupportable à force d'atrocité. » Et
M. Brisson, de surenchérir : « Aujourd'hui c'est
M. de Chantemelle en personne qui jette l'abominable aveu à son fils agonisant, écrit-il dans un
compte-rendu qu'il donne de la pièce. Ce changement
imprime au caractère déjà très rude du duc, une

dureté par trop inhumaine. Vraiment les hommes
ne sont pas si féroces, et il n'est pas un père qui
n'hésite au moment de prononcer le mot d'où peut
sortir la mort de son fils, surtout quand ce mot le
couvre lui-même d'ignominie. *Pour avoir voulu éviter une ficelle, M. de Curel est tombé dans une
erreur de psychologie.* » Eh bien ! quoi qu'en disent
ces deux maîtres de la critique, il nous semble au
contraire que le dénouement que donne l'auteur dans
sa seconde version des *Fossiles* est logiquement et
psychologiquement vrai. Certes M. Brisson a raison
lorsqu'il dit « qu'il n'est pas un père qui n'hésite au
moment de prononcer le mot d'où peut sortir la mort
de son fils », mais encore aurait-il dû y ajouter « ou
la sienne », ce qui est le cas ici et ce qui donne à
l'aveu du duc de Chantemelle comme une résignation
au sacrifice et qui fait de sa vilenie presque un acte
de courage et de bravoure. A peine vient-il en effet
de dévoiler à son fils l'aveu terrifiant qu'il s'offre en
victime expiatoire avec une désinvolture et une vaillance propres à son caractère de rudesse et de sombre intransigeance. Et l'aveu en lui-même, comme il
est bien placé en la bouche de ce père inexorable, de
cet homme envieux et jaloux, vindicatif et sujet à la
colère ! Il n'y a presque pas lieu de nous étonner de
l'entendre rugir sa bassesse à son fils mourant, à
celui qu'au premier acte il aurait voulu achever
parce qu'il lui avait volé sa maîtresse, à celui qu'il
force en dépit de toutes les lois morales à épouser
Hélène Vatrin !

Le troisième acte s'achève sur le suicide, de propos délibéré, que s'impose Robert en voulant retourner en plein hiver au manoir de ses ancêtres, sûr qu'il est de trouver la mort en s'exposant à ce voyage. Cette fin d'acte, où personne ne se trouve en droit de critiquer la décision du malade, où la mère doublement frappée en son amour conjugal et son affection maternelle, ne trouve elle-même rien à redire si ce n'est un cri déchirant, cette fin d'acte où nettement se dessine la figure de la Mort, a quelque chose de grandiose, de lugubre, de cornélien.

Le quatrième acte, le dernier, nous reporte à Chantemelle. Robert est mort; son corps est exposé pour une dernière fois aux yeux des siens. Ils sont tous là, et le vieux duc déchu, et la duchesse au cœur meurtri, et Claire héroïque et calme, et Hélène prostrée et sans vie. Claire conte à ses parents les derniers jours du défunt, puis elle leur lit le testament laissé par lui. Ce sont des pardons à tous, puis de généreux et nobles conseils qu'il donne aux survivants pour l'éducation de son fils, dernier rejeton des Chantemelles, et, symbolisant en lui toute la noblesse de France; Robert s'exprime ainsi : « Dès que le petit Henri atteindra l'âge de quinze ans, j'autorise Hélène à le conduire habiter Paris pour y chercher les ressources d'éducation qu'on ne trouve que là. Il faut que le futur duc de Chantemelle soit élevé dans la conviction que son rang ne le dispense pas d'avoir une valeur personnelle. Qu'on ne néglige rien pour en faire un homme moderne au sens profond du mot. Qu'il aime son temps et en comprenne la grandeur. Nous nous perdons à éterniser des hai-

nes, très légitimes lorsque le sang versé par la Révolution fumait encore, mais qui ne marqueront bientôt
plus qu'une tendance avilissante à l'égoïsme et à l'oisiveté. La Révolution a guillotiné nos grands-parents
d'abord si enthousiastes d'elle, n'en tirons pas un prétexte pour être hostiles à toute amélioration sociale.
Restons au contraire dans la tradition en payant de
nos vies de généreuses erreurs, affirmant en cela le
devoir d'une noblesse d'être une école de désintéres-
sement, montrant le chemin à son siècle, audacieuse
d'esprit et dupe de cœur ! Lorsque les malheureux et
les humbles réclament une plus large part au soleil,
sachons marcher à leur tête avec le scepticisme de
nous dire que nos propres troupes nous tireront dans
le dos. Pour nous, c'est un moyen de bien finir. Il
me semble que la noblesse a fait son temps. On l'a
trop recrutée par l'or, trop peu par le talent. Elle a
toujours été fermée aux hommes éminents que lui
envoyait le peuple, à son tour le peuple lui est
fermé. Avant qu'elle disparaisse, il faut que, par
un pieux mensonge, ses derniers représentants laissent la même impression de grandeur que les gigantesques fossiles qui font rêver aux âges disparus. »

Et à peine Claire a-t-elle terminé de lire la profession de foi de celui qui fut son frère, qu'elle s'engage à ne jamais quitter Hélène et son fils et à veil-
ler constamment sur eux. Sa mère fond en larmes,
pendant que le duc marchant droit à Hélène prend
congé d'elle en lui disant : « Adieu, ma fille », puis
s'en va rapidement. Le rideau tombe sur cette incer-
titude, alors que le spectateur ou le lecteur essaie

de deviner quelles sont les intentions du père du
défunt. Fuit-il son repaire parce qu'il s'y sent sous
le coup de l'esprit nouveau qui va y entrer en la personne de son petit-fils ? Essayera-t-il au contraire de
disputer cet enfant aux idées préconisées par son
père et acceptées par Claire ? Ou encore, n'osant
plus paraître sous les yeux de sa femme qui a connaissance de toutes ses vilenies, conscient qu'il est
cause de la mort de son fils, en proie aux remords, le
vieux duc de Chantemelle songe-t-il à mettre un
terme à son existence ? Nul, à l'exception de l'auteur, ne saurait le dire .

Ainsi s'achève cette pièce où M. de Curel a su faire
entrer une vie intense, une puissance de description
merveilleuse, une poésie de la plus belle venue. Au
point de vue purement théâtral, de la construction
même de sa comédie, on pourrait reprocher quelques imperfections à l'auteur, mais ces imperfections nous charment en ce qu'elles dénotent une
œuvre plus proche de la vérité, moins soumise aux
conventions. Le défaut le plus frappant consiste
peut-être en ce que seul le caractère du vieux duc
soit dûment observé ; la duchesse, Robert, Hélène
surtout et même Claire ne sont pas analysés d'une
manière très nette et le manque de psychologie s'y
fait parfois sentir. Mais telle qu'elle est, dominée
par la puissante stature du vieux Chantemelle, cette
œuvre est une des maîtresses pièces de notre théâtre
moderne. A tel point que, dernièrement (mai 1905),
un jeune auteur avantageusement connu pour les
traductions qu'il nous fit d'Hauptmann ou de Beyer-

lein, ne craignit pas de reprendre ce même sujet et de le porter sur la scène. Vu la connexité qui existe entre les *Fossiles* de M. de Curel et la *Race* de M. Jean Thorel, nous allons aussitôt étudier cette pièce.

Le marquis Bernard de Thémiste est, lui aussi, un « fossile ». Très attaché aux idées du passé, il ne jure que « caste et race ». Il se croit d'essence supérieure. Epris de sa glorieuse ascendance, il occupe ses loisirs à reconstituer le domaine de ses ancêtres, tel il était avant la tourmente révolutionnaire. Il est père de deux filles ; l'une, l'ainée, Charlotte est née d'une faute de la marquise, morte depuis ; aussi son père, ou prétendu tel, la hait-il et lui fait-il subir toutes les humiliations qu'il peut inventer. Il lui défend de l'appeler : père, et la force en s'adressant à lui de le traiter soit de : monsieur, soit de : cousin, cette dernière appellation parce que la marquise était sa cousine. Toutes ses espérances, le vieux marquis les fonde sur sa deuxième enfant, Juliette, venue au monde douze ans après sa sœur, et dont il va célébrer le marïage avec Hély d'Ulbert, jeune et fringant sous-lieutenant tout frais sorti de Saint-Cyr. A la recherche de documents du plus haut intérêt pour là famille, le marquis a recours à l'aide d'un élève de l'Ecole des chartes, Philippe Gauthier. Tout serait pour le mieux, ce dernier ayant accompli son travail de recherches pour la plus grande satisfaction du châtelain. D'autre part, le marquis est lui-même très heureux de se savoir bientôt grand-père et de pouvoir laisser son héritage à un enfant capa-

ble de « relever » les noms, les armes et les titres de
la famille de Thémiste. Gauthier par son caractère
loyal, franc, a su se faire aimer de Charlotte. Il en
demande la main au marquis qui la lui refuse et le
congédie ; par orgueil de race, Charlotte refuse aussi
d'épouser le fils naturel d'une ouvrière et ne consent
pas à quitter avec lui le manoir ancestral. Gauthier
s'éloigne donc seul.

Juliette a eu un fils qui est mort aussitôt ; chose
plus grave, les médecins lui défendent formellement
tout autre essai de maternité, un nouvel accouchement lui devant être fatal. Et le vieux marquis
lorsqu'il apprend cette navrante nouvelle par une
lettre que lui écrit son gendre, voit tous ses rêves
anéantis et à jamais détruits. Il aura eu beau
reconstituer tous les domaines de sa race, ce travail
immense, cette pensée réconfortante, ne seront pas
récompensés. Bien finie est la famille de Thémiste,
puisque, ensuite de l'accident survenu à Juliette,
aucune descendance n'est assurée au marquis. Un
seul espoir encore lui reste. Il sait que Charlotte,
la bâtarde, a eu un fils de Gauthier, que ce fils elle
l'élève en secret ; son père, parti en mission, est
sans doute mort. Eh bien ! cet enfant, de naissance
doublement irrégulière, le marquis l'adoptera. Il
adjure Charlotte d'y consentir, lui jurant de se montrer plus affectueux envers elle, lui promettant de
l'aimer, pourvu qu'elle veuille donner son consentement à l'adoption. Et nous sentons que le marquis
dit vrai et qu'il aimera Charlotte, « sa cousine »,
parce qu'elle aura sauvé la « race ».

« Allez me chercher mon petit-fils ! » sera le dernier mot de la pièce.

Se rapprochant davantage, tant par la facture que par la peinture des mœurs du *Prince d'Aurec* que des *Fossiles*, il nous faudrait citer deux comédies de M. A. Hermant, *La Carrière* et *Le Faubourg*, une autre de M. Lavedan, *Le Marquis de Priola*, une autre encore de M. Gustave Guiches, *Snob*, ou de M. Guinon, *Décadence*, pièces où sont étudiées, fouaillées les tares de la noblesse de salon, noblesse vivant sur un nom et supportant très peu allègrement le faix de l'hérédité. Dans *Snob* nous la voyons sous les traits du duc et de la duchesse de Malmont, et, à dire vrai, elle ne fait pas trop bonne figure. Le marquis de *Priola* n'est lui aussi qu'un témoignage probant de la profonde déchéance dans laquelle est tombée l'aristocratie de nos jours. Nous ne parlerons pas plus longuement des nobles que M. Guinon a introduits dans sa pièce ; nous retrouverons en effet *Décadence* lorsque nous nous occuperons plus spécialement de la question de race ; et alors nous pourrons à notre volonté répudier la vilenie d'une Jeannine de Barfleur qui par peur de la misère vend son corps, d'un duc de Barfleur qui s'endette et s'encanaille dans les coulisses de certain théâtre, d'un prince Enguerrand de Barfleur réduit à se produire en spectacle dans un cirque, d'un marquis de Chérancé, abandonnant sa maîtresse, son oisiveté ne lui permettant pas de la soustraire à une gêne certaine.

Nous nous arrêterons un peu plus longuement

sur une comédie en deux actes, due à la plume de
M. Maurice Boniface, « ironiste violent, cruel parfois, mais mesuré ». Elle est intitulée *Les Petites
Marques* et fut représentée pour la première fois
à Paris, au Théâtre-Français, en 1895. Les *Petites Marques* sont composées de la même manière, sur le même patron, dirons-nous, que la
Crise, cette spirituelle comédie de M. Boniface,
dont nous avons parlé dans un chapitre précédent.
L'auteur n'attaque pas la question de front; il n'y
va pas à grands coups de cognée, non; mais il s'at-
tache à nous décrire d'une façon si adroite les petits travers de la société qu'il dépeint, que bien
souvent sa légère satire nous frappe davantage l'esprit que telle autre pièce retentissante à grand
éclat.

Nous sommes chez un certain M. Duvivier, ancien
avocat retiré des affaires, très riche, et qui désire
entrer dans la bonne société, lisez la société aristocratique. Il s'en réfère pour cela à un sien cousin
par alliance, M. de Boispierre, président d'un club
très fermé aux personnes non porteurs d'un titre.
Cependant Duvivier en sera, mais il faut pour cela
qu'il invite certains membres du dit cercle en son
château des Oseraies, où il leur procurera toutes
les récréations mondaines voulues. Sont donc réunis chez l'hôte de la maison, M. de Boispierre et sa
femme, le baron et la baronne de Crellechamp, le
comte Henri de Cernay et son frère le marquis
Georges, son aîné, le duc d'Aboukir, M. de Falerpin,
M. et Mme Amargo, etc. Ajoutez à tout ce monde

Mlle Solange Duvivier, la fille de l'ancien avocat, et vous aurez un ensemble composé de gens « du plus grand chic. »

Comme le temps est à la pluie et qu'on ne saurait sortir pour l'instant, ces messieurs proposent de faire un baccarat; pas avant toutefois que nous n'ayons appris que Mme Amargo et le duc d'Aboukir sont au mieux, qu'il en va de même pour Mme de Crellechamp et Georges de Cernay, et qu'enfin Henri de Cernay courtise gentiment Mlle Solange. Tout le monde se met à la table de jeu, à l'exception d'Henri qui ne joue pas. Mme Amargo, qui tenait la banque depuis un instant et perdait constamment, la cède à de Falerpin. Celui-ci a plus de chance; il gagne, mais néanmoins, soudain, il se lève et veut passer la banque à un autre. Ce sont des cris de dépit d'abord, puis des moqueries à l'adresse du pauvre sire qui n'en peut mais, et exaspéré annonce en fin de compte qu'il ne joue pas avec des cartes marquées. Effarement général au vu que de Falerpin dit vrai. *Précipitamment* tout le monde quitte la salle; et Georges, prenant son frère à l'écart, l'engage à ne pas continuer dans sa résolution d'épouser Mlle Solange Duvivier après un pareil scandale.

Le premier acte, très enjoué, où une vie assez active se donne cours, est fort lestement enlevé. Il s'agit maintenant de savoir qui est le tricheur : ce sera au deuxième acte de le découvrir et ici commence la partie vraiment satirique de l'ouvrage.

M. Duvivier s'en prend à Boispierre et lui demande comment il est possible qu'il se trouve un voleur parmi ses invités.

DUVIVIER. — C'est impossible, enfin. Vous n'avez amené ici que vos amis intimes...

Mme DE BOISPIERRE. — Absolument !

BOISPIERRE, *écrasé*. — J'ai épluché le comité des Moucherons, je vous dis !... Pas le Cercle, le Comité !...

En attendant que les soupçons se portent sur quelqu'un, on rappelle des souvenirs personnels. L'un cite l'exemple du duc de la Pailleraie... un membre du cercle... qui faisait la poussette ; un autre nomme un M. de la Marlière qui s'était expatrié pour le même motif, etc... Puis on en vient aux soupçons. De Boispierre nomme comme tricheur présumé le duc d'Aboukir; et de l'éreinter aussitôt et de rappeler que son arrière-grand-père était le sergent Bechamel, des gardes-françaises... qu'il est devenu général en Egypte... que Bonaparte plus tard l'a nommé duc d'Aboukir, de rappeler aussi de vilaines histoires de courses qui courent sur son compte et qu'on se chuchote à l'oreille. Puis c'est au tour de Crellechamp d'écoper, parce que c'est lui le plus fort gagnant. C'est Falerpin qui va nous lancer sur cette piste, et comme on lui objecte que Crellechamp est « un vrai gentilhomme », il n'a garde de riposter: « Ne savez-vous pas que, de son vrai nom, il s'appelle Torchonnier, Paul Torchonnier, qu'il a pris le nom d'une propriété de son père ? » Mais comme il n'est rien de probant dans cette suspicion, on se rabat sur un autre, et Amorgo laisse entendre qu'il connaît le malfaiteur, et que ce malfaiteur n'est autre que de Boispierre... « celui qui fait sa matérielle au Cercle... celui qui ratiboise les vieux généraux qui ne savent se défendre et jouent comme des tambours... ». Amargo non plus n'échappe pas à la suspicion générale et est à son tour sous le coup de la flétrissure. Gentiment, Crellechamp dira de lui « que les petits ruisseaux font les grandes rivières,... » en attendant que d'Aboukir ne lance la piste sur Falerpin, « lui qui a découvert la chose du reste ! », à la manière de ces filous qui crient : « Au voleur ! » avant tout le monde,... s'empressera d'ajouter cet honnête M. Duvivier, qui lui aussi a été, un instant, sous le coup du soupçon.

Seul Georges de Cernay jusqu'à présent a échappé à ce doute infamant. Mais c'est à son tour de pâtir : il a été vu la veille, à deux heures du matin, errant dans le château. C'est Lucie, la lingère, qui, se rendant de nuit chez Crellechamp, l'a aperçu, et en fait l'aveu à Duvivier, son patron. En effet, Georges se rendait auprès de Mme de Crellechamp lui conter sa passion délirante. Forts de cette circonstance, la promenade nocturne de de Cernay, tous aussitôt de l'accuser d'avoir marqué les cartes. Seul à d'Aboukir et à son frère Henri, il explique le but de son escapade ; ceux-ci de répondre alors de sa probité et de faire taire les bruits tendancieux que répandent les Crellechamp, Falerpin, Amargo et autres. Duvivier à la fin éclate, et à Boispierre, son cicerone dons le monde des gens titrés, il dit, avec la dernière amertume : « Eh bien !... J'en suis guéri, de votre monde. »

BOISPIERRE. — Hein ?

DUVIVIER, *frémissant*. — Vous m'amenez ici des femmes dévergondées, des gens qui trichent au jeu !...

BOISPIERRE. — Il n'y en a qu'un !

DUVIVIER. — Ils s'en sont crus tous capables !

C'est en somme dans cette phrase que réside toute la morale de la pièce, phrase foncièrement juste, représentative de tout un ordre d'idées vraies et frappées au coin du bon sens.

Et pendant que tous les joueurs et invités s'en vont faire une promenade aux environs, Alexandre, un valet de Duvivier, entre par la gauche, va au fond s'assurer que le coach est parti, se dirige alors vers le meuble où tout à l'heure il a mis les cartes. Il les prend, va à la table, et prépare rapidement une portée... Puis courant à la porte de gauche appeler les autres domestiques :

— Ils ont tous décanillé !

LUCIE, *entrant*. — Ils sont tous partis ? (Derrière elle apparaissent Victor, puis le palefrenier, le second valet de pied et la femme de chambre.)

ALEXANDRE, *leur montrant les cartes, d'un air engageant*. — Aïe donc, alors ?... La revanche d'hier ?

VICTOR, *se décidant*. — Allons ! Soit !

LUCIE, *à Alexandre, maugréant*. — Nous avons assez perdu, hier !

Victor, *de même*. — C'est vrai ça ! Ce qu'il nous
a ratissés ! (Les domestiques s'attablent à droite.)

Alexandre, *allant les rejoindre avec les cartes.*
— C'est moi qui tiens la banque, hein ?... comme
d'habitude ? »

En ce moment Solange qui, désolée, n'avait pas
voulu prendre part à la promenade commune, entre
et aperçoit les joueurs. Cette fois-ci enfin l'auteur
des « petites marques » sera connu. Nul besoin
d'ajouter que c'est Alexandre. Cette dernière scène
est d'un comique très intense et joue un peu le rôle
de la flèche du Parthe.

Dire que « la haute noblesse de France » avait pu
se croire capable d'actes inqualifiables commis par
de vulgaires laquais !

On le voit, l'aristocratie n'a guère été ménagée
par nos dramaturges, depuis Henri Lavedan jusqu'à
François de Curel, en passant par Maurice Boniface
ou Albert Guinon. Et si l'on tient à entendre une
note plus vibrante de légitime fierté, si l'on tient à
voir un « noble » se proclamer de sa race sans y
faire déshonneur par une tare indélébile, un vice
infamant ou un crime répugnant, c'est en la bouche
du marquis de Porcellet, personnage de la comédie
d'Octave Mirbeau *Les affaires sont les affaires*,
que nous entendrons des paroles touchantes en leur
sincérité. Le marquis, endetté, acculé à la ruine,
est entre les mains d'Isidore Lechat, le brasseur
d'affaires... louches qui par deux fois a déjà fait
faillite et est maintenant en possession d'une for-

tune colossale. M. de Porcellet, en une dernière
poussée d'énergie, ne craint pas de discuter pied à
pied les conceptions plus ou moins démocratiques
de son créancier. A Lechat qui pérore ainsi : « C'est
par l'outil du travail et par l'argent qu'on combat
aujourd'hui... Et la noblesse n'a su se servir ni de
l'outil... ni de l'argent... Alors... nous les avons
ramassés... » méprisant et dédaigneux, il répond :
« Dans la boue et dans le sang... » Et un instant
après a encore lieu ce colloque animé où le marquis
met toutes ses forces et toute son âme, et où, gogue-
nard, Isidore Lechat le laisse s'emballer, certain
qu'il est de le sentir inerte en sa puissance de
créancier.

Le marquis. — Et je suis fier, monsieur, d'ap-
partenir à cette noblesse, dont vous proclamez si
fort la déchéance, juste au moment où elle se reconquiert !

Isidore. — Oui... En tentant de rallumer partout
la guerre civile et la guerre des races.

Le marquis. — En revendiquant ses traditions
qui sont celles du pays. Et je suis plus fier encore...

Isidore, *l'interrompant.* — Allez !... allez !...

Le marquis.— De ne m'être jamais soumis à cette
démocratie abominable... insolente... et féroce qui a
remplacé par le seul culte de l'argent... le culte de
l'honneur, de la patrie... de la foi... et de la pitié...
Vous avez la prétention de dominer, d'être les maîtres... Et vous l'êtes... pour un temps. Mais des maî-

tres plus ridicules encore que néfastes... Aussitôt parvenus à la fortune... vous n'avez plus qu'une idée :
nous singer... C'est nos hôtels, nos terres, nos ma-
nies, nos vices qu'il vous faut... nos vieux noms
glorieux... et jusqu'à nos vieux meubles. (*Avec in-
solence*.) Ce qui ne s'achète pas, voyez-vous, c'est
la façon de s'en servir...

» ... Vous n'avez le souci d'aucune vertu, d'aucun
art, d'aucune élégance. Vous n'avez le sentiment
d'aucune grandeur... »

Dans toutes les pièces que nous avons étudiées
jusqu'à présent, seule la déchéance de la noblesse
était dépeinte, seuls y étaient stigmatisés ses défauts. Aucun marquis de Porcellet ne se levait pour
jeter l'anathème à l'esprit nouveau, et surtout dans
aucune comédie n'étaient mises en présence les deux
classes d'une même nation, avec une vigueur, une
puissance et une impartialité aussi marquées; car
Lechat va répondre et glorifier à sa façon son temps
en faisant rejaillir sur la noblesse toutes les hontes
du passé et le néant dans lequel elle a sombré :

LECHAT. — Oui, oui... pour vous, nous sommes
des bandits... des forbans... d'affreux pirates... C'est
entendu... et c'est vrai... au fond... Mais... dites'
donc... des bandits qui ont fait quelque chose... des
forbans qui apportent, tous les jours, leur contri-
bution au progrès... c'est-à-dire au bonheur de l'humanité... de sales canailles qui remplissent leurs
coffres... c'est possible... mais qui créent du mouvement partout... de la richesse partout... de la vie
partout... Quand, autrefois, au temps de votre puis-

sance... puisque vous invoquez les traditions... vous
dépouilliez le peuple... au point de l'affamer... de
ne lui laisser pour nourriture que l'ordure des ruisseaux dans les villes... et dans les campagnes... la
petite motte de terre où il posait le pied... qu'est-ce
que vous lui donniez en échange? des coups de
bâton, monsieur le marquis... Moi... je lui donne
des routes... des chemins de fer... de la lumière
électrique... de l'hygiène... un peu d'instruction...
des produits à bon marché... et du travail... Moins
d'allure que les coups de bâton... j'en conviens...
Assez chic, tout de même... avouez-le... pour des
forbans?... »

Par-dessus les ruines de l'aristocratie, M. Jules
Lemaitre a tenté de nous montrer l'écroulement de
la monarchie. Les rois s'en vont, les rois n'ont plus
ni autorité ni pouvoir, et les vestiges de leur puissance passée se font chaque jour plus rares. *Les
Rois*, en même temps qu'une étude sociale, sont
une analyse psychologique. A quoi tient cette perte
d'autorité de la part des gouvernants? Socialement
à l'action populaire, ivre de libertés nouvelles, dési-
reuse d'un bonheur plus calme, plus à la portée de
tout le monde; psychologiquement, à l'entraînement
que certains héritiers de la couronne se sentent vers
un idéal de justice et d'équité : d'où leurs hésita-
tions, leur flottement et leur manque de « poigne ».
Et s'ils ne savent résister à la haine et à l'envie qui
grondent en une foule ameutée, la cause en est due
à leur soif d'un idéal utopique.

C'est ce que M. Lemaitre a fait comprendre dans

son excellente et tragique comédie : *Les Rois*. La scène se passe dans le royaume imaginaire — pas tant que ça — d'Alfanie. Le roi Christian XVI, vieux et usé, abdique en faveur de son fils, le prince Hermann. Celui-ci est sous l'influence d'une jeune fille, Frida de Thalberg, « d'esprit indépendant, même au fond un peu révolutionnaire, » dont il est l'amant (platonique du reste). Frida, elle-même, est sous l'influence directe d'une émeutière convaincue, Andotia, en qui on a voulu reconnaître Louise Michel. A l'avènement de son règne, Hermann fait remettre Andotia en liberté, et cela sur les instances de Frida. Survient une émeute; le prince, irrésolu, ne sait que faire. D'un côté ses ministres, sa femme la princesse Wilhelmine, le conjurent d'avoir recours à la troupe. Il répugne à Hermann de faire couler le sang de son peuple; mais, excédé, il donne l'ordre fatal. Des femmes, des enfants, des innocents tombent sous les balles...

Le même soir, Hermann se réfugie auprès de Frida; celle-ci le convainc, de par la puissance de son amour, du rôle néfaste et contraire à leur bonheur que jouent les rois; que lui Hermann, qui tout en étant imbu d'idées de paix et de justice a dû faire massacrer d'innocentes victimes, renonce à sa charge et s'enfuie avec elle, tel est son désir. Et Hermann, enthousiasmé et serein, va partir avec son amie, quitter sa femme et son enfant, rejeter à jamais la lourde charge de la royauté qui pesante lui faisait courber le front... lorsqu'une balle le foudroie. Wilhelmine, avisée par le frère d'Hermann, le prince

Otto, une brute de la pire espèce, de la visite de son mari chez Mlle de Thalberg, s'y est rendue aussi. Lorsqu'elle a vu le prince vouloir partir avec son amante, elle a tiré sur cette dernière, « pensant frapper uné criminelle d'Etat, délivrer Hermann de son mauvais génie !... » La balle, au lieu d'atteindre Frida, a causé la mort du prince.

Au cinquième acte, nous apprenons le suicide de Frida, ne voulant pas survivre à son amour, et la mort du prince Otto, victime de sa paillardise et de ses débauches. La princesse Wilhelmine est nommée par le vieux roi régente du royaume d'Alfanie pour l'enfant d'Hermann, « le roi Christian XVII, » dernier débris, reste lamentable d'une dynastie qui eut ses jours de splendeur et de gloire.

Telle est cette « tragédie symbolique » d'après le mot si juste de M. Ganderax. Certes les *Rois* n'ajouteront rien à la gloire littéraire de leur auteur ; cette œuvre à haute portée sociale n'est pas libérée du « conventionnel » propre à certain genre de théâtre. La psychologie des personnages qui était si puissamment analysée dans le roman d'où M. Lemaitre tira sa pièce, n'est ici que vaguement esquissée. Nous sommes en présence de « faits » et il nous est difficile de comprendre leur corrélation avec le mouvement des idées des principaux protagonistes de cette comédie. C'est en quoi les *Rois* touchent à l'anecdote. Il faut néanmoins louer l'effort sincère de vérité, le drame vibrant d'humanité vraie qui se dégage de quelques scènes particulièrement émouvantes.

Nous avons, en parlant du *Prince d'Aurec*, dit

nn mot sur l'immixtion au théâtre du banquier
juif. Le baron de Horn est représentatif, en même
temps que de la Bourse, du monde israélite. Pas ne
serait besoin de nous arrêter sur ce personnage s'il
n'avait donné lieu à des imitations ou adaptations
en la personne d'un Nathan Strohmann ou d'un
Wowenberg. En effet, le baron de Horn n'a aucun
trait distinctif de sa race et ressemblerait davantage, par son faste éblouissant et son orgueil de possesseur, à un Isidore Lechat, si, comme ce dernier,
il était doué de qualités maîtresses. .

· Nous venons à l'instant de nommer Nathan
Strohmann ; comme son-nom l'indique, il est aussi
de religion israélite ; comme le baron de Horn, il
est banquier, homme d'affaires. Dès les premières
scènes de *Décadence*, il nous apparaît vigoureux,
puissant. L'auteur a cru incarner en lui tous les
travers, tous les vices, et les quelques qualités de
ténacité, de persévérance, de prudence, propres
d'après lui à la race juive. Il serait oiseux d'insister
sur le grossissement, l'exagération outrée de tous
ces traits ; tout au plus essayerons-nous au cours
du rapide résumé que nous allons donner de la pièce
en question, de faire remarquer le manque total
d'impartialité et même d'observation de l'auteur.

Nathan Strohmann est riche à millions ; son père
Abraham a édifié sa fortune sur d'assez louches spéculations. Gonflés d'orgueil et d'ambition, tous deux
ont leur côté faible. Le père est attiré par l'éclat du
Faubourg, il voudrait en être ; Nathan subit un
amour des plus violents pour une des plus char-

mantes représentantes de cette société d'élite. Il
aime Jeannine de Barfleur. Deux fois déjà il s'est
vu refuser sa main ; mais il ne désespère pas et
revient à la charge. La ténacité n'est-elle pas une
des qualités de sa race ? Accompagné de son père,
il se rend auprès du duc de Barfleur, — un des
grands noms de la France — et lui tient à peu près
le discours suivant : « Vous êtes, mon cher duc,
endetté par dessus la tête. Ayant racheté toutes vos
créances qui s'élèvent à la gentille somme de deux
millions, je vous prie ou de payer immédiatement...
ou de m'accorder la main de votre fille. Sinon, nous
nous verrons dans l'obligation de recourir aux tri-
bunaux... » En passant, un mot pour souligner le
peu de nouveauté de cette scène, reprise d'ailleurs
par M. O. Mirbeau dans *les Affaires sont les affaires.* Sous la menace du procès, le duc cède et va
trouver Jeannine pour la décider à ce mariage. Et
Jeannine a un mouvement de répulsion et des paroles de haine contre le mari qu'on lui destine, mais
à l'ouïe de la situation financière de son père, sur
les conseils de son frère, le prince Enguerrand, et
de son meilleur ami qui ne tardera pas d'ailleurs
à devenir son amant, elle est prête à consentir à
cette abjecte union. Et si la psychologie de la
noblesse déchue nous est assez bien décrite dans ce
premier acte, nous avons peine à croire qu'un
Nathan Strohmann se risque, sous la simple impul-
sion de sa passion, à devenir l'époux d'une femme
qui n'aura pour lui que haine et mépris. Le premier
acte s'achève sans que l'étude de la question des

races soit autrement esquissée que par une conversation languissante et d'un intérêt douteux. Au
deuxième acte, au contraire, nous entrons en pleine
bataille. Jeannine est devenue Mme Nathan Strohmann et ne pardonne pas à son mari sa déchéance.
Elle n'a pour lui et les siens que mots piquants et
gestes provocateurs à l'adresse du marquis de Chérancé, son ancien intime. Survient sa belle-mère,
Mme Rebecca Strohmann, et alors ce sont de la part
de celle-ci récriminations quant au nombre de bou-
gies allumées, quant aux toilettes luxueuses de sa
bru. Jeannine y répond par les sarcasmes habituels
et se fait une joie d'énerver son mari et les siens
par des mots à l'emporte-pièce. L'acte se termine
par une explication entre Jeannine et Nathan au
sujet du marquis de Chérancé. Hautaine, elle se rit
des menaces de son mari, pas plus d'ailleurs qu'elle
ne tient à entendre ses supplications.

Il arrive alors à Nathan la même mésaventure
qu'à bien d'autres maris, fussent-ils catholiques ou
protestants. Jeannine se rend auprès de Chérancé
et lui fait don d'elle-même, et ceci sans même cette
exaltation d'amour, cette fièvre de sentiments qui,
si elle n'excuse pas, du moins fait comprendre cet
acte de faiblesse chez d'autres femmes. Mais au matin
Nathan revient à la charge. Il sait sa femme auprès
de Chérancé et s'y rend. Les deux haines sont face
à face : nous pensons trouver en Jeannine de ces
accents qui, tout en nous révoltant parce qu'ils nous
brusquent, nous laissent entrevoir une âme d'élite...
mais pas ! Jeannine ne nous en donne nullement

l'impression et si elle revient à Nathan, elle a beau emprunter je ne sais quel air de grande dame, elle n'en est pas moins la « fille galante » qui a peur du travail et qui ne sait vivre que du produit de ses vices, que du paiement de sa beauté.

L'étude de race au premier acte est à peine esquissée. Nathan Strohmann n'est pas un type différent des autres parvenus dont notre théâtre cet encombré depuis le M. Poirier d'Emile Augier. Quant à son père, l'auteur en fait un personnage d'exception en nous le dépeignant sous un jour très particulier : « Ah ! la noblesse, la voilà sa marotte à cet ancien marchand d'esclaves ! » Pour un peu, l'auteur admettrait que tout le peuple d'Israël pratique la traite des nègres. Mais quelle singulière phrase que celle que nous venons de citer plus haut ! Ne croirait-on pas que, la noblesse écartée, — soit donc la question de classe — l'antagonisme de race n'existerait pas ?

C'est avec l'acte deuxième que nous entrons en pleine lutte. Ils sont là quatre ou cinq qui se payent de mots, le plus souvent méchants. Ils cherchent à nous faire connaître les traits distinctifs de la race : ténacité, prudence, force de volonté, etc. Le troisième acte se complaît dans une situation vague où la question de race est reléguée à l'arrière-plan ; la peinture de la noblesse décrépite et la lutte entre le mari et la femme accaparant toutes les scènes importantes. Et c'est ainsi qu'on pourrait adresser à l'auteur de *Décadence* un reproche justement mérité : pourquoi ne cherche-t-il à montrer le contraste des races que par le seul moyen de l'union de deux êtres. A en croire Albert Guinon, la question des races ne saurait se résoudre étant donné le manque d'affection de deux époux. Mais à ce taux, elle ne serait plus qu'une duperie et sa théorie entrerait de plein droit dans la question familiale.

Maurice Donnay dans *Retour de Jérusalem* a commis le même non-sens ; il prend un homme de quarante ans, marié et père de famille, et le fait s'amouracher d'une amie de sa femme, d'une Juive. Celle-ci, au lieu de refuser l'amour de Michel Aubier, ne fait qu'exciter assez grossièrement le pauvre homme qui, bientôt, abandonnera et sa femme et ses enfants pour suivre Judith... à Jérusalem ! Oui, à Jérusalem, car Judith, fervente sioniste, désire voir la « Ville sainte » et y amènera son amant en voyage de noce. Tout est pour le mieux ! Mais au retour, Michel Aubier est pris de dégoût et de nostalgie : de dégoût parce qu'il ne se sent pas à l'aise chez lui, de nostalgie, car il a l'ennui de ses enfants et de leur mère. C'est que Michel a réfléchi et sans vouloir se l'avouer à lui-même, il est déçu. Il se souvient que Suzanne Aubier, celle qu'il a délaissée, était d'une autre nature que Judith : il l'aimait peut-être moins, mais à coup sûr mieux. Pour Judith, il n'éprouve qu'un amour purement sensuel ; Henriette, au contraire, avait su se faire aimer d'une affection calme, pondérée, réconfortante.

Qu'arrive-t-il ? C'est que certain jour, outré d'entendre flétrir chez lui ses croyances les plus chères en la famille, en la patrie, par des inconnus, des étrangers, mais qui, placés sous la sauvegarde de

Judith, leur coreligionnaire, se croient tout permis, Michel Aubier s'en prend à l'un des plus effrontés d'entre eux et le met à la porte. Puis l'inévitable scène entre Judith et Michel a lieu et cette fois-ci ce dernier perd toute mesure ; il outrage en sa compagne sa religion, les adeptes du sémitisme, ne veut voir en eux que des ennemis de la race aryenne et les destructeurs de l'âme française. Judith bondit sous l'insulte, mais ne trouve comme toute réponse à donner à Michel qu'une crise de nerfs, simulée ou non. On trouvera sans doute que la balance n'est pas égale entre l'attaque et la défense et avec M. Léon Blum nous dirons que M. Donnay « donnant toute sa force à l'attaque a énervé ou ridiculisé la défense ».

Au dernier acte nous assistons à une ultime entrevue entre Suzanne et Michel, puis à la séparation pour toujours de Michel et de Judith. Cette séparation est amenée par un incident de très peu d'importance. Il s'agit de pourvoir une place d'attaché de cabinet. Michel a promis d'intervenir auprès du ministre pour un de ses protégés, Trévières. Judith travaille en faveur de Wowenberg, l'auteur de l'esclandre, signalé au troisième acte, et à qui Michel montra la porte. C'est Wowenberg qui obtient la place et cela est pris par Michel comme un symbole significatif de la solidarité de la race sémite. N'étant plus du tout en communion d'idées avec sa maîtresse, celle-ci d'ailleurs n'éprouvant plus que haine ou dédain pour Michel, ils se quittent ; Michel restera seul dans la vie, victime de son idéalisme sentimental,

Judith se rendant chez Wowenberg, son« flirt » de
ce jour, Suzanne Aubier s'étant remariée.

Telle est la pièce de M. Donnay avec ses tendances, ses sous-entendus, sa partialité. Car elle est
partiale et il suffit pour s'en convaincre de jeter un
coup d'œil sur les personnages mis en ligne par
l'auteur. Et tout d'abord Michel Aubier : il peut à
nos yeux représenter le mari abandonnant sa
femme, égaré par un amour passager ; mais ce n'est
pas tout. M. Donnay en fait un homme d'élite, un
savant, un rêveur, un de ceux qui croient à la réalisation de la fusion des races. Il suffira donc de
mettre ses idées en pratique, de les transposer en
faits dans la vie réelle et s'il arrive que Michel ne
soit pas heureux dans son choix, de là à déduire la
nullité de ses croyances premières, il n'y aura pas
loin. Et c'est aussi ce que le public a compris : si
même un Michel Aubier ne saurait vivre avec une
Judith, c'est qu'il faut vraiment admettre que la
thèse des antisémites a du bon. Nous avons, au
cours du résumé de la comédie en question, montré
que l'auteur est parti à faux : ce que Michel regrette
surtout ce n'est pas d'avoir enchaîné sa vie à une
Judith, mais c'est d'avoir abandonné femme et enfants. Si Judith se fût appelée Claire, si au lieu
d'être juive elle fût née catholique, il est probable
que Michel aurait connu les mêmes remords, les
mêmes désillusions. Et si, transplanté dans un mi-
·lieu qui est loin de le satisfaire, si exaspéré, d'entendre et de voir chez lui des personnes complètement étrangères, sinon antipathiques, il se sent de

plus en plus du fiel au cœur, c'est qu'alors Michel
Aubier est dans la même situation que l'Eveline du
Bercail, qui se révolte et se défend de demeurer
plus longtemps en une société aussi déconcertante et
aussi amorale que l'est la bande de névrosés, de
littérateurs, d'hommes d'affaires qui circulent, en
bousculant tout, au deuxième acte de la comédie de
M. Bernstein. Et pourtant il n'est point de juifs
parmi les convives de Jacques Foucher.

Arrivons maintenant à Suzanne Aubier ; nous ne
saurions avoir pour elle qu'éloges et paroles enthousiastes. Mère de famille éprouvée, épouse fidèle,
subissant tous les à-coups de la vie avec une résignation, une douceur célestes, Suzanne représente
le type de la femme probe, dévouée, affectueuse :
elle est catholique. Catholiques aussi sont l'oncle
Emile Aubier, vieille ganache peut-être, mais brave
homme dans toute l'acception du mot, Andrée
Daincourt, la sœur évaporée de Michel qui peut à son
aise tromper son mari, mais pour laquelle l'auteur
est plein de tendresse et d'indulgence ; catholiques
toujours le capitaine Aubier, le jeune Trévières,
gentleman accompli, Moissac et d'autres encore qui
tous sont presque des modèles de vertu. Opposés à
eux, nous avons Judith, Lazare Hœndelssohn, Wowenberg, Lurdau, Afkler... Nous parlerons de Judith en dernier lieu. Sur les quatre autres représentants de la race incriminée, il n'en est qu'un seul
qui mérite l'appellation d'honnête homme : c'est
Lazare. Mais ce qu'il y a de plus amusant encore,
c'est que le public n'en peut rien savoir et que plus

d'un spectateur quittera le théâtre en prenant ce
même Lazare pour un vulgaire coquin. La cause en
est en ce que la scène où Lazare fait montre d'un
grand caractère a été purement et simplement sup-
primée à la représentation. Seul le lecteur la con-
naîtra donc. Et encore !

Si Lazare profite quelque peu de notre indulgence,
nous condamnerons d'autant plus Judith qui se veut,
après son altercation avec Michel, donner à lui.
Lazare, bien que l'aimant, refuse et résiste vaillamment à sa passion.

Cette scène, le public ne la connaît pas, mais, par
contre, il assiste à celle où, à peine de retour, Michel est relancé par Lazare qui cherche à obtenir de
lui une signature l'enrôlant dans une ligue politique
à tendance sémite : « *P*aix et Lumière ». Michel s'é-
tonne de la promptitude qu'a mise Lazare à venir le
trouver, puis, en fin de compte, refuse, malgré les
instances de Judith.

Wowenberg est le type du parfait arriviste; il
veut arriver par n'importe quel moyen, dût-il fouler
aux pieds les croyances les plus chères, les affections les plus sacrées. Wowenberg est juif. Juif est
aussi Afkler, directeur d'une revue quelconque et
d'un journal à chantages; de même est juif le
Dr Lurdan, balourd et ridicule, qui n'a que vices
séniles et manque absolument de tact et d'éducation. Il se faut de beaucoup que l'auteur ait tenu
la balance égale entre les représentants des deux
races en présence.

Chez les uns il ne voit qu'austérité, honnêteté la

plus rigide ; chez les autres, peu s'en faut qu'il ne
les dénomme ouvertement gredins ou crapules.
Mais si encore le personnage de Judith était impar-
tial ! Il ne l'est pas. Premièrement, au lieu de prendre pour héroïne une jeune fille juive, libre de ses
actions, M. Donnay en fait de prime abord une
femme adultère. Et puis, elle est si peu juive, cette
Judith ! Il nous semblait jusqu'à ce jour qu'une des
qualités primordiales des femmes juives était le
culte du foyer, de la famille ! Judith, elle, ne rêve
que voyages ; nulle part elle n'est chez elle. M. Donnay, dans sa préface au *Retour de Jérusalem*, dit
quelque part que si « Judith n'avait été juive, et en
supposant que Michel se fût enfui avec elle, les deux
amants ne seraient pas allés à Jérusalem. Pas d'aller, pas de retour, au sens propre et au sens figuré. »
Eh bien, il nous semble au contraire que si Judith
eût été juive, une vraie juive, c'est bien alors qu'elle
n'eût pas cherché à emmener Michel Aubier en Pa-
lestine. De religion, il ne lui en reste point, sinon
elle ne fût pas devenue Mme de Chanzé, ni la maîtresse de Michel Aubier. D'autant plus l'auteur du
Retour de Jérusalem a par trop grossi les traits, il
a essayé de frapper fort, mais ses coups n'ont pas
porté. En nous montrant une Judith divorcée d'avec
M. de Chanzé, maîtresse d'un Michel Aubier, vouloir
se livrer à Lazare Hœndelssohn et nous laisser prévoir sa chute en les mains d'un Wowenberg, M. Donnay est tombé dans la « charge ». Et s'il mainte-
nait la vérité psychologique du personnage créé
par lui, l'on n'aurait pas à compter avec une Ju-

dith, devenue un être d'exception, une vulgaire détraquée.

Wowenberg, pour en revenir à lui, se fait au troisième acte l'interprète des idées antipatriotiques; en faisant prononcer ces paroles uniquement par un juif, M. Donnay prétendra-t-il avoir été d'une impartialité manifeste? Non, non; dans *Retour de Jérusalem* il n'est pas une seule figure qui ne soit entachée d'une partialité très marquée et l'on peut comprendre que cette pièce ait trouvé des admirateurs sans réserve, mais aussi des critiques ardents à défendre une race sans cesse attaquée, en butte aux vexations de tout un parti.

Nous ne dirons rien du style qui toujours est très vif, très pittoresque, mais qui pourtant vise trop à l'esprit, ce qui procure à l'auteur des jeux de mots d'un comique douteux et d'un tact plus douteux encore.

A peine M. Donnay venait-il de nous donner une étude de race en *Retour de Jérusalem* qu'en la collaboration de M. Descaves il récidivait. Leurs *Oiseaux de Passage* cherchent aussi à trouver une solution au problème racial; recherche sans résultat et qui, comme dans la pièce que nous venons d'étudier, n'est pas couronnée de succès. Il s'agit cette fois-ci de l'union entre peuples latins et peuples slaves. Ceux-ci représentés sous les traits d'un anarchiste à la manière d'Elisée Reclus, le vieux Grégoriew, et de deux étudiantes, l'une répondant au nom de Vera Levanoff et l'autre à celui de Tatiana. La famille française se compose de Mme Lafarge, atteinte d'une cécité complète, de son mari et de leur fils Julien ; font aussi partie de cette famille l'oncle Guillaume et ses deux filles Georgette et Louise. Un hasard met en présence Julien Lafarge et Vera Levanoff, qui de son vrai nom s'appelle princese Boglowsky et est une ardente révolutionnaire russe, dont le mari prit part à un complot nihiliste et fut condamné.

Elle-même est fille d'un conseiller d'Etat très influent et aurait pu jouir en toute tranquillité de sa vie de jeune fille fortunée. Entraîné par une séduction, toute faite d'amour, Julien s'éprend de la belle Russe qui, de froide qu'elle était, s'humanise aux paroles d'affection que lui conte notre jeune homme. Survient un vieux compagnon de lutte de Vera, l'austère Grégoriew : il a besoin d'argent pour sauver un de ses compatriotes, poursuivi par la justice politique du tsar. Vera ne disposant pas de cette somme, Julien rend aussitôt ce service à la Cause, pour laquelle il se sent lui-même gagné.

Il advient que Julien et Vera, dont l'amour s'accroît chaque jour, se fiancent ; car sur les dires de Zakharine, Vera croit le prince Boglowsky victime de l'autocratie tsariste. C'est Grégoriew lui-même qui, en son anarchique amour de la liberté, prend sur lui de les unir :

« L'homme et la femme, prêche-t-il, qui ont besoin, pour s'unir, du maire et du curé, sont des malades imaginaires qui appellent le médecin...

» Lorsqu'en 1853, à Berne, Wilhelm Vogt, le père de Carl, donna sa fille à un jeune professeur proscrit, il la lui donna en ces termes, devant quelques amis intimes dont j'étais : « Je me mets en lieu et place du maire et unis pour la vie ces jeunes gens. Qu'ils soient heureux. Je vous prie de les considérer comme mariés et de considérer comme légitimes leurs enfants à venir. » Ce fut la première union libre. Et ça ne manquait pas de noblesse...

» ... Eh bien, il m'eût été doux, à moi qui suis devenu le vrai père de Vera, il m'eût été doux de mépriser l'opinion publique et ses formes légales, en associant votre destinée, ma chère fille, à la destinée d'un gendre non pas selon le monde, mais selon mon esprit, réfractaire aux décrets... Alors vous vous seriez pris simplement la main. Et je vous aurais dit : «... Aimez-vous au-dessus des lois, vivez libres, justes et bons ; que votre tendresse l'un pour l'autre soit le foyer d'une affection qui se répande sur tous les êtres, car votre famile est partout où quelqu'un appelle au secours... »

Peu après Grégoriew vient faire ses adieux : un arrêté d'expulsion a été pris contre lui par le gouvernement français. Ses agissements révolutionnaires sont donc connus ! Il aura été dénoncé, mais par qui ? Tatiana se charge de répondre. Depuis longtemps déjà, elle voyait en Zakharine un espion ; elle l'a suivi, s'est convaincue que ses présomptions étaient fondées et à dater de ce jour « Zakharine ne pourra plus nuire à personne. On l'a trouvé mort dans un vagon de chemin de fer. »

On pourra déplorer que les auteurs d'*Oiseaux de Passage* aient fait intervenir un moyen purement

mélodramatique dans une étude de mœurs serrée
d'aussi près. Mais grâce au meurtre de Zakharine,
Tatiana a connaissance des mensonges de l'espion ;
elle apprend que l'histoire de la mort du prince
Boglowsky a été inventée de toutes pièces par Zakharine pour s'attirer les bonnes grâces de Grégoriew et des siens. Ainsi Vera Levanoff n'est pas
libre de ses actes ; bien que mariée fictivement avec
le prince, elle se doit à la cause : il lui faut retourner en Russie pour adoucir les derniers jours du
martyre de la liberté qui se meurt petit à petit,
sans secours, loin de toute affection humaine. Elle
quittera donc Julien, non sans avoir passé aux
doigts de Louise l'anneau de fiançailles qu'elle dé-
tenait de lui. Et, en communauté d'idées avec Tatiana, le symbole vivant de la Foi, elle reprendra
tristement le chemin de son douloureux calvaire.

Les *Oiseaux de Passage* ont des scènes de toute
beauté ; la langue et le style de cette comédie se font
remarquer par leur éclat, leur vie ; plus d'une fois
la pensée des auteurs nous séduit par la poésie que
nous y rencontrons à chaque instant. En tant que
comédie de mœurs ou même de caractère, *Oiseaux
de Passage* serait presque un chef-d'œuvre inatta-
quable, mais dès qu'elle tend à devenir comédie à
thèse il nous faut faire des réserves. Lorsque nous
entendons l'oncle Guillaume, discourant sur le cas
de Grégoriew, avancer qu'il y a entre eux « des différences essentielles... des différences ethniques », il
y a place pour contestation. Et quoi que dise Guillaume : «... Je ne crois pas que les races aspirent

au mélange et qu'il soit facile de l'opérer. On s'aborde, on ne se pénètre pas. Les races, malgré tout, restent distinctes et ne tiennent nullement à fusionner... », nous ne saurions être convaincus étant donné l'exemple même que les auteurs de cette pièce avancent. Ce qui sépare surtout Julien de Vera, les Lafarge d'un Grégoriew, ce n'est pas que les premiers soient de race latine, les seconds de race slave, mais bien parce qu'ils ne pensent pas de même; parce que les uns sont de braves bourgeois, amis de l'ordre, et que les autres sont des révolutionnaires ardents, pleins de foi en leur idéal. Le grand reproche qu'on pourrait adresser à MM. Donnay et Descaves, c'est d'avoir faussé la base de leur problème même. Il ne fallait pas opposer à des bourgeois français des révolutionnaires russes, mais bien des personnes de la même classe sociale et il est certain que l'oncle Guillaume eût été bien moins affirmatif dans ses propos contre la fusion des races.

Nous arrivons à deux autres comédies, tendant l'une à prouver la fusion des races comme chimérique, l'autre, au contraire, cherchant à démontrer la thèse opposée. Dans la première de ces pièces, la *Fille sauvage*, due à la plume de F. de Curel, nous assistons à l'éducation morale et intellectuelle d'une jeune sauvage recueillie par un explorateur français, Paul Moncel, et élevée par des religieuses, en France. Marie grandit à la vie intellectuelle et, en peu d'années, est aussi cultivée que ses compagnes européennes. Pleine d'admiration pour son sauveur, elle ne rêve pas moins que de devenir la compagne de sa vie. Mais Paul Moncel feint de ne pas comprendre et renvoie bientôt Marie en Afrique où il lui donne comme mission de convertir à la foi chrétienne ses futurs sujets, car, épousant le roi d'un Etat africain, elle sera à même de faire du prosélytisme.

De retour en Afrique, Marie revient à sa nature première et cède complètement à un besoin de vengeance lorsqu'elle apprend la mort de Moncel, victime de ses hardies explorations!...

En réalité, cette pièce, d'une beauté toute symbolique, ne saurait prouver qu'une chose : c'est que partout la femme est même et ne saurait subir l'affront d'un refus. Ce n'est que par dépit que Marie redevient cruelle : femme de Paul Moncel, elle ne le fût point devenue, mais, épouse dévouée, mère aimante, elle eût su faire le bonheur des siens.

Avec l'*Oasis* de M. Jean Jullien, le décor n'a guère changé : nous sommes aussi en Afrique. Un convoi d'Européens, dont plusieurs sœurs de charité, a été surpris par des Touaregs. Ceux-ci s'emparent du butin et se partagent les prises. Les sœurs deviennent les femmes de leurs ravisseurs. Et les quatre derniers actes nous montrent l'une d'elles, sœur Marie, devenue l'épouse de Mohamed, le chef de la tribu, et se contentant de son sort. Elle a trouvé en son mari et en son fils une source de consolation si grande que, lorsque l'oasis est attaqué par des troupes françaises et que celles-ci victorieuses lui offrent la liberté que lui ravirent les Arabes, sœur Marie refuse, ne voulant pas abandonner un mari et un fils adorés.

L'œuvre de M. Jean Jullien est faite de sincérité, elle nous émeut par sa donnée vigoureuse, sa thèse hardie. Il n'est pas trace de défaillance dans cette fière comédie, longue de cinq actes qui tous s'enchaînent en une suite admirable et nous amènent tout émus à l'apothéose du « règne de l'esprit », ainsi que s'exprime avec enthousiasme Marie, fière d'avoir reconquis et sa famille et son peuple !

CHAPITRE X

La question de la terre.

Pièces	Auteurs	Dates
Le Maître	JEAN JULLIEN	1890
Mariage d'argent . . .	E. BOURGEOIS	1893
Les Antibel.	E. POUVILLON	1900
La Noblesse de la terre .	M. DE FARAMONT	1900

Il y a quelques années un auteur de grand talent sut intéresser des milliers et des milliers de lecteurs à la question terrienne. Reprenant avec plus d'envergure une thèse qui lui était chère et à laquelle il avait déjà consacré un roman — *Les Noellet* — René Bazin, dans sa *Terre qui meurt,* jeta un vrai cri d'alarme et signala en toute connaissance de cause la crise qui de nos jours sévit sur nos campagnes. En une langue vigoureuse, il nous narra avec un esprit d'analyse puissant les différentes causes pour lesquelles beaucoup de jeunes gens quittent la terre, trop improductive selon eux, pour la ville aux miroitements d'or, mais aux amères désillusions.

A dire vrai, le théâtre n'a pas encore été témoin des combats que se livrent les deux écoles, l'une faite de tradition, l'autre faite d'individualisme, d'esprit d'indépendance, d'aspiration à des libertés plus grandes. Nous ne trouverons guère les deux tendances exprimées avec clarté et avec justesse, que dans la magistrale étude due au grand artiste qu'est M. Jean Jullien.

La comédie *Le Maître* date de 1890. Elle est pour nous, en même temps qu'un régal littéraire de grande valeur, un sujet d'études des plus suggestifs. Les personnages de cette pièce sont des paysans, à l'exception de l'un, M. Dagneux, qui, notaire enrichi par d'assez louches combinaisons, représente le lettré de village, à probité douteuse, mais dont la considération auprès des cultivateurs, ses débiteurs, est des plus grandes. Le « maître », Jean Fleutiaut, vieux de soixante ans, est un paysan « entendu en culture », travailleur endurci, sous le coup d'une maladie des plus cruelles. Autour de son lit, sa femme, son fils et le notaire Dagneux, discutent de l'héritage à venir. Gervais Fleutiaut, le fils, craint de devoir partager le beau domaine qui lui reviendrait en entier, n'était l'existence d'une sœur Françoise, autrement appelée l'Oisette. Tout au plus lui céderait-il une créance sans valeur et un lopin de terre « avec le procès qui est dessus ». La mère entre pleinement dans ses vues, tant il lui tarde de changer de vie,

de devenir une riche propriétaire au lieu de rester
la paysanne qu'elle a toujours été. Tout est pour
le mieux, il ne reste plus qu'à attendre la mort du
« maître », en l'empêchant toutefois de lui laisser
faire, avant sa fin, un testament en faveur de l'Oisette.

En ce moment, on frappe à la porte : paraît un
jeune gars, en haillons, chétif, qui demande à
manger. La mère et Gervais vont refuser l'hospita-
lité au pauvre vagabond ; mais le père Fleutiaut,
pris d'un accès de charité, ordonne à l'inconnu de
rester. Il en est d'ailleurs récompensé, car sur les
instances de Pierre, il consent à se laisser poser un
vésicatoire qui lui vaudra sa guérison, au grand
dépit de sa femme et de son fils.

Pierre, resté auprès des Fleutiaut, est devenu
l'homme de confiance du père ; il fait même un brin
de cour à l'Oisette. Fleutiaut, guéri, s'enquiert de
ses vaches, vendues pendant sa maladie ; on lui dit
qu'elles ont péri. Puis il apprend qu'on a fait « cou-
per à blanc le bois du Bourgueux », bois que lui-
même avait planté et auquel il tenait beaucoup.
Gervais pour s'excuser invente mensonges sur
mensonges ; il s'en prend d'ailleurs vivement à
Pierre et lui reproche son séjour chez eux ; son
hostilité sourde contre l'intrus, venu déranger ses
plans, éclate. Aussi profite-t-il de toute circonstance
pour débiner Pierre auprès de son père. Il entasse
calomnie sur calomnie. Pierre, promu à la dignité de
fiancé de l'Oisette, se départit un peu de sa réserve.
Il recommande au « maître » de faire des réformes

dans son mode de travail. Le père Fleutiaut est ennemi des nouveautés; il craint d'ailleurs que son
autorité faiblisse à écouter en chaque occasion un
étranger, aussi rejette-t-il sur celui-ci tous les acci-
dents, tous les ennuis qui lui surviennent. Il en arrive, sous l'action d'une violente colère, à chasser
de chez lui Pierre son sauveur, qui est suivi dans
son exil par l'Oisette, sa fiancée. A présent Gervais
et sa mère pourront à leur aise exploiter le pauvre
vieillard retombé en leur puissance.

Ce qu'il y a de remarquable dans cette étude du
monde paysan, ce sont les nuances, les détails.
Tout y est d'une vérité impeccable; la moindre
phrase y est symbolique, et témoigne d'une intensité de vie remarquable. Sans ficelles, par la seule
force de la réalité, M. Jean Jullien nous a pu dépeindre en toute impartialité un intérieur de ferme,
où nous vivons avec tous les personnages qui s'y
meuvent. Le père Fleutiaut qui au plus fort de sa
maladie pense à ses propriétés, à son bétail, qui
pour gagner sa part de paradis se sent tout-à-coup
pris d'un accès de charité; ce père Fleutiaut qui,
guéri, est tout d'abord reconnaissant à son sauveur
de sa guérison, mais qui, se laissant influencer par
les siens, devient d'une ingratitude noire; ce père
Fleutiaut nous est connu, archiconnu : il représente
à nos yeux le type de certain paysan plus attaché à
sa terre qu'à sa famille, à ses bêtes qu'à son entourage.

Que dirons-nous d'Annette Fleutiaut, sa femme,
et de Gervais, son fils? Soumis des ans et des 'ans

à l'autorité du maître, ils ont beaucoup espéré de
sa maladie, et grand est leur désappointement
lorsque la « drogue » de Pierre vient contrecarrer
leurs projets. Ils sont dès lors pris d'une haine implacable pour l'étranger et n'auront de repos que le
jour où il sera chassé et où ils pourront à nouveau
reprendre leur criminel dessein.

Dans les *Antibel*, de M. Pouvillon, il est moins
question de la peinture des mœurs paysannes que
de nous attendrir au récit des amours malheureux
de Jan et Jane, l'un Hyppolite et l'autre Phèdre. Jane
est la femme d'Antibel, le riche fermier ; mais elle
aime Jan, fils de son mari et de sa première femme
la Fabiane, morte il y a environ un an. De son
côté, Jan est follement épris de sa belle-mère ; et la
légende veut que l'ombre de la Fabiane se venge
ainsi de l'oubli de son mari. Cette dramatique histoire, où la poésie domine, ne nous donne qu'une
idée un peu vague, — à part l'acte premier, — du
milieu qu'elle décrit.

Ce n'est que dans *Mariage d'argent*, d'E. Bourgeois, ou dans quelques actes des *Remplaçantes*,
de Brieux, que nous retrouverons le trait caractéristique du paysan : son âpreté au gain. *Mariage
d'argent*, c'est l'histoire amusante d'un cultivateur
qui préfère épouser sa servante plutôt que de lui
payer ses gages, ou la faire épouser par son gars
pour entrer en possession d'un pré lui appartenant.

Ecrite d'une plume alerte, cette comédie gaie et
spirituelle, ne manque pas pourtant d'un certain
fond. Pour peu, on la prendrait pour « une tranche

de vie », tant il nous semble connaître les faits et gestes de ses protagonistes : certes nous savons plus d'un paysan qui agirait comme le fermier de *Mariage d'argent* et la figure rusée et finaude de la servante ne nous est pas inconnue non plus.

Dans les *Remplaçantes* enfin, nous avons deux types de paysans accomplis : le père et le fils *P*lanchot, ce dernier tout soumis, bien que chef de famille lui-même, aux ordres du vieux. Son mariage, il ne l'a pu faire qu'avec l'assentiment de son père ; et si celui-ci a consenti à ce que Lazarette devînt sa bru, ce n'est que parce qu'il a vu en elle des profits matériels. Jeune, jolie, elle pourra en effet obtenir une bonne place de nourrice à Paris, et gagner ainsi sa vie et celle des siens.

Foin du sentiment familial chez le vieux Planchot ! ce qu'il veut, c'est de l'argent. Et pour ce il ordonnera à sa belle-fille de déserter son foyer pour en gagner. Vous connaissez la suite. Lazarette ne peut vivre loin de ses enfants, de sa famille : elle revient au village, écœurée, violente. Son mari, heureux de la revoir, tient à la garder ; le vieux Planchot s'y veut refuser, mais son gars recouvre un peu d'énergie, et le vieux Planchot n'a plus qu'à céder, tout en gémissant et criaillant : « Nous sommes sur la paille !... »

CONCLUSION

Nous ne saurions quitter ce sujet sans jeter un dernier coup d'œil sur la production théâtrale du génie français. Et tout de suite nous tenons à rectifier certaines erreurs qui chaque jour davantage tendent à s'implanter un peu partout.

Beaucoup de littérateurs, — parmi lesquels des écrivains français en mal d'exotisme, — ont voulu amoindrir notre théâtre en cherchant à lui donner une origine étrangère. Tour à tour furent prononcés les noms d'Ibsen, de Björnson, de Tolstoï ou de Gorki. Tantôt c'était le premier avec sa *Maison de Poupée*, son *Brand*, son *Ennemi du Peuple*, qui avait inspiré nos auteurs. D'autres fois nos dramatistes étaient redevables à Björnson de leurs plus beaux succès; ou bien encore la lecture de Tolstoï et de Gorki, disait-on, n'était pas loin de leur avoir inspiré leurs pièces les plus marquantes. Cependant depuis quelques années ces bruits se font de plus en plus rares, car nos auteurs se sont révélés d'une manière si éclatante, qu'ils laissent loin derrière eux toute trace d'adaptation quelconque.

Nous avons d'ailleurs essayé, dans notre introduction, de montrer que la forme dramatique de nos jours était la formule logique de plus d'un siècle d'efforts. Grandes peuvent être nos espérances dans le théâtre social, alors que dans tout pays nous voyons ce mouvement se généraliser et aboutir aux drames sociaux d'un Sudermann, d'un Hauptmann, d'un Brandès, d'un Perez Galdos, etc.

D'autre part les productions des auteurs français sont loin de nous enlever cette espérance dans un théâtre social classique, qui serait l'heureux pendant de notre théâtre analytique classique, théâtre que nous devons aux grands dramaturges du siècle de Louis XIV. Certes ni les Brieux, ni les Hervieu, ni les F. de Curel, ni Donnay, ni Descaves, ni A. Capus, ni Jean Jullien n'ont dit leur dernier mot. Et à côté des gloires acquises, de nouvelles étoiles se lèvent à l'horizon : Bernstein et Bataille, Landay et Marcel Prévost, Abel Hermant et F. de Croiset et tant d'autres encore !

Une fois encore, nous pouvons avoir bon espoir en l'avenir du théâtre social.

TABLE DES MATIÈRES

CPSIA information can be obtained
at www.ICGtesting.com
Printed in the USA
BVHW04*1059170918
527708BV00014B/1423/P